Persönliche Erinnerung an ein Lehrer-Schüler-Gespräch
L: Wieso kommst du schon wieder so spät?
S: Wegen dem Busfahrer, der hat mich rausgeschmissen.
L: Versteh ich nicht! Du hast doch jetzt eine Fahrkarte!
S: Die ist aber weg!
X: Bestimmt verhökert! So was und klauen ist doch alles, was der Spasti kann!

»Darf ich denn nicht die hassen, die mich verabscheuen? Ich will keine Beziehungen zu meinen Feinden. Ich bin unglücklich, und sie sollen mein Leid teilen! Aber noch liegt es in deiner Macht, mich umzustimmen und auch alle Menschen von einem Übel zu befreien, das nicht nur dich, sondern viele Tausende in den Sog meiner Rache ziehen würde. Lass dich von deinem Mitgefühl leiten und verstoß mich nicht. Hör dir meine Geschichte an.«

Mary Shelley, Frankenstein

Magda von Garrel

Instandsetzungspädagogik
Integrationsansätze für lernentwöhnte Kinder

Vandenhoeck & Ruprecht

Mit 9 Abbildungen

Bibliografische Information der Deutschen Nationalbibliothek

Die Deutsche Nationalbibliothek verzeichnet diese Publikation in der
Deutschen Nationalbibliografie; detaillierte bibliografische Daten sind
im Internet über http://dnb.d-nb.de abrufbar.

ISBN 978-3-525-70144-7
ISBN 978-3-647-70144-8 (E-Book)

Umschlagabbildung: Adam Fraise/Shutterstock.com

Satz: SchwabScantechnik, Göttingen
Druck und Bindung: ⊕ Hubert & Co., Göttingen

Gedruckt auf alterungsbeständigem Papier.

Inhalt

Vorwort

Der Titel dieses Buches enthält gleich zwei unvertraute Begriffe (*Instandsetzungspädagogik* und *lernentwöhnte Kinder*), die in Verbindung mit dem übergeordneten Ziel *Integration* einen Dreiklang bilden, der für ein neuartiges (sonder-)pädagogisches Problem- und Lösungsverständnis steht.

Neu ist vor allem ein anderer Blick auf die *verhaltensgestörten* Schüler,[1] bei denen nicht länger von einer Lernunwilligkeit, sondern von einer (erworbenen) Lernunfähigkeit ausgegangen wird, die es nach und nach zu überwinden gilt. Damit greife ich eine Idee auf, die ich bereits in meiner anlässlich des Bildungsgipfels 2008 verfassten Denkschrift *Ist mir doch egal! Praxisrelevante Fehler deutscher Bildungsförderung* skizziert habe: Die sogenannten benachteiligten Schüler werden völlig falsch gefördert, weil sie keine Gelegenheit erhalten, erst einmal das zu bewältigen, was ihnen vor Schulbeginn angetan und/oder vorenthalten wurde.

Aus diesem Ansatz ergibt sich eine Hinwendung zu neuen (zumeist nicht rahmenplankonformen) Inhalten und Vorgehensweisen. Um das *Herz* der im schulischen Sinne lernunfähig gewordenen Kinder überhaupt erreichen zu können, bedarf es eines überwiegend unüblichen Unterrichtsverständnisses, dessen Hauptkennzeichen bereits an dieser Stelle kurz aufgezählt werden sollen:
1. Emotionalisierung der Lernprozesse
2. Intensivierung schulischer Beziehungen
3. Erhöhung der Erfolgserlebnisrate
4. Einbeziehung der persönlichen Merkmale und Fähigkeiten der Schüler (Einbettungsprinzip)
5. Orientierung an der realen Lebenswelt der Schüler

Eine Art Verdichtung der genannten Zugangsweisen lässt sich bei vielen Ideen und Materialien feststellen, die ich im Laufe meiner Tätigkeit als Integrations-

---

1 Im Folgenden wird aufgrund der besseren Lesbarkeit die männliche Form regulär für alle Personengruppen und Professionen gebraucht.

lehrerin zusammen mit kooperationswilligen Lehrern und/oder Schülern (aller Altersstufen) entwickelt habe. Die dabei herausgekommenen Ergebnisse dürften aus Sicht vieler Schulbehörden, die einen ganz andersartigen Weg eingeschlagen haben, zu simpel sein. Dem kann ich mit bestem (Ge-)Wissen entgegenhalten, dass es sich bei den vorgestellten Beispielen um erprobte (d. h. überwiegend erfolgreich verlaufene) Vorhaben handelt.

Insbesondere bezüglich der selbst hergestellten Materialien kommt noch eine weitere Überlegung hinzu: Momentan lässt sich beobachten, dass auch im Schulwesen eine zunehmende *Landnahme* durch privatwirtschaftliche Unternehmen stattfindet, die ihr Engagement in aller Regel mit dem Verkauf firmeneigener Produkte verknüpfen.

Da zu den verkauften Produkten immer häufiger auch komplette Lernstrategien einschließlich der darauf zugeschnittenen Methodenkoffer gehören, erstreckt sich der Einfluss der im Bildungsgeschäft tätigen Anbieter schon längst auf die Gestaltung des Unterrichts. Vor diesem Hintergrund lässt sich die eigene Herstellung von Lehr- und Lernmitteln auch als Abwehrstrategie verstehen bzw. als Versuch, die einzige im Lehrerberuf noch verbliebene Freiheit (d. h. die methodisch-didaktische Gestaltungsfreiheit) möglichst wirkungsvoll zu verteidigen.

Dagegen steht der hiermit verbundene Zeitaufwand, der sich aber hinsichtlich der für beide Seiten zu erzielenden Effekte als sehr lohnend erweisen kann. Dazu eine kleine Geschichte: Für zwei leseschwache Schüler hatte ich seinerzeit in mühevoller Kleinarbeit ein Lesespiel entwickelt, das aus einem Spielbrett, diversen Spielkarten und zwei Karteikästen zum Ablegen bzw. Sortieren der Karten bestand. Während ich dabei war, die Spielregeln zu erläutern und zu diesem Zweck immer mehr Materialien herausholte, meinte einer der beiden Schüler ganz ergriffen: »Das hast du alles für uns gemacht?!« Diese Situation war es, die mir die Bedeutung des persönlichen Bezuges für immer in die Seele eingebrannt hat.

Mit dieser Erzählung will ich gleichzeitig darauf aufmerksam machen, dass meine eigene Entwicklung als Integrationslehrerin nicht geradlinig verlaufen, sondern eher als Ergebnis (mehr oder weniger) zufälliger Entdeckungen und schmerzlicher Erfahrungen anzusehen ist. Mit anderen Worten kann dieses Buch auch als eine Art schriftliche Bilanz dessen verstanden werden, was ich als (Sonder-)Pädagogin erlebt, entworfen und (selbst-)reflektierend erkannt habe.

Bei der Gliederung des Buches habe ich mich für eine Einleitung entschieden, die sich mit meinen ganz persönlichen Ausgangspositionen befasst. Damit meine ich die auf Erfahrungen beruhenden Grundüberzeugungen, die meine Tätigkeit als Integrationslehrerin geprägt haben.

Im 2. Kapitel (*Integrationsaspekte*) setze ich mich mit den meines Erachtens wichtigsten Facetten der (schulischen und nachschulischen) Integration auseinander. Dabei geht es hauptsächlich um Erwartungshaltungen, Einschränkungen und Aufgabenbereiche im Zusammenhang mit der Verwirklichung integrativer Vorhaben. Diese Betrachtung umfasst sowohl den gegenwärtigen Stand der öffentlich geführten Diskussion als auch die innerschulisch vertretenen Ansichten.

Das 3. Kapitel ist der von mir sogenannten *Instandsetzungspädagogik* vorbehalten, die einleitend kurz beschrieben bzw. definiert wird. Hieran anschließend wird dargelegt, zu welchen Zeitpunkten ein ganz besonderer Unterstützungsbedarf gegeben ist, welche allgemeinen Ziele infrage kommen könnten und von welchen Grundsätzen ich mich sowohl beim Entwurf als auch bei der Ausführung durch die Schüler habe leiten lassen. Damit liegt ein kleiner theoretischer Überbau meiner Selbsthilfevorschläge vor.

Im 4. Kapitel komme ich schließlich zur Darstellung der umfangreicheren Praxisbeispiele, die ich in *Projektbereiche* unterteilt habe. Wie zuvor schon angedeutet, handelt es sich hierbei um eine Art Hausmannskost, die sich aber vielleicht gerade deswegen als sehr anregend bzw. nützlich erweisen könnte.

Viele Beispiele beziehen sich auf Materialien wie Arbeitsblätter, Texte oder Beobachtungsbögen, deren Besonderheit sich aus der Beachtung verschiedener Merkmale ergibt: individuelle und/oder selbstbestimmte Kombinations-, Wahl- und Selbstkontrollmöglichkeiten. Hinzu kommt, dass sich etliche Materialien auch für eine Einbeziehung der jeweiligen Mitschüler eignen. Dies gilt natürlich erst recht für alle Projekte, die dem darstellenden Bereich zuzuordnen sind: Pantomime, Theater, Rollen- oder Bewegungsspiele.

Auch wenn derartige Vorhaben bereits zum Repertoire vieler Schulen gehören, möchte ich auf deren Darstellung nicht verzichten, da sie Teil meiner persönlichen Integrationsgeschichte sind. Diese Geschichte schließt die anfänglichen Irrungen und Wirrungen ein, die auf viele Faktoren zurückzuführen sind: Unsicherheit, Unwissenheit, traditionelles Rollenbewusstsein und heftige Dispute.

Aus diesen und anderen Anlässen erfolgt auch eine Auseinandersetzung mit dem *normalen Unterricht*. Dabei wird – vor allem hinsichtlich der späteren Lebensgestaltung – der Frage nachgegangen, inwieweit *alle* Schüler von den aus dem Förderbereich stammenden Erfahrungen und Erkenntnissen profitieren könnten bzw. sollten.

Beim Schreiben dieses Buches habe ich in erster Linie an die Lehrer bzw. Pädagogen aller Schulformen und -stufen gedacht. Als potenzielle Leser kommen darüber hinaus aber auch Bildungspolitiker sowie alle Menschen in Betracht, die sich mit den sozialen Auswirkungen bildungspolitischer Weichenstellungen befassen (müssen).

Da sämtliche Ideen, Erkenntnisse und Vorschläge in den laufenden Text eingearbeitet worden sind, bleibt es der Zusammenfassung vorbehalten, diese in einer geschlosseneren Form zu präsentieren. Dabei dürfte es sich von selbst verstehen, dass ein komplettes schulisches Neukonzept nicht von einer einzelnen Person entwickelt werden kann. Über die Darstellung der wichtigsten Merkmale der Instandsetzungspädagogik (Kerngedanken, Zielbestimmungen, Methoden, Interventionsinhalte, Voraussetzungen und Erweiterungsmöglichkeiten) wird es dennoch möglich sein, sich ein genaueres Bild dieser neuartigen pädagogischen Ausrichtung zu verschaffen.

Abschließend sei darauf hingewiesen, dass ich mich nur selten zur Inklusion (im Sinne einer gemeinsamen Beschulung wirklich aller Kinder) äußere, obwohl ich diese Idee sehr befürworte. Was mich von einer ausführlicheren Beschäftigung mit der Inklusion abhält, ist die in Deutschland momentan gegebene schulische Situation, die – ungeachtet aller UN-Vorgaben – zusammenfassend noch nicht einmal als integrationsgeeignet bezeichnet werden kann.

Selbstverständlich erwarte ich nicht, dass meine (oft auch noch zugespitzten) Einschätzungen allgemein geteilt werden. Das mit dem Buch verbundene Anliegen wäre ohnehin schon erreicht, wenn der eine oder andere Denkanstoß zu weiteren Erkenntnissen führt. Darüber hinaus hoffe ich natürlich, dass auch die Praxisbeispiele einen positiven Effekt haben, indem sie sich in möglichst vielen Fällen als brauchbare Vorlagen erweisen.

Berlin, Mai 2012   Magda von Garrel

A Ausgangspositionen

Mit Ausgangspositionen sind Grundüberzeugungen gemeint, die sich im Laufe meiner langjährigen Berufstätigkeit (in und außerhalb der Schule) herausgebildet haben. Hierzu gehört die durch Erfahrungen gewonnene Vorstellung, dass Lernprozesse immer dann besonders gut gelingen, wenn emotionale Verknüpfungen stattgefunden haben. Diese können ganz unterschiedlicher Natur sein (*Liebe* zum Lehrer, Durchführung spektakulärer Experimente, Einbeziehung aller Sinne etc.), sorgen aber immer dafür, dass das Verstehen leichter fällt und die gelernten Inhalte nicht so schnell in Vergessenheit geraten.

Für diese Sichtweise sprechen übrigens auch die neueren Ergebnisse der Demenzforschung. Nichts bleibt einem Menschen so lange im Gedächtnis wie die mit starken Emotionen verbundenen Erinnerungen. Mit anderen Worten spielen Emotionen für uns alle eine große Rolle, aber für die besonders förderbedürftigen Kinder kommen noch andere Aspekte hinzu: Mit Emotionen verknüpfte Lernangebote können eine schon verschüttete Lernfreude wieder zum Leben erwecken und so eine Positivspirale von Erfolgserlebnissen in Gang setzen.

Zu meinen damaligen Ausgangspositionen gehörte noch nicht die Vorstellung, dass das zentral zu bewältigende Problem in einer mehr oder weniger systematischen Lernentwöhnung besteht. Dementsprechend stand für mich zunächst nur die Überzeugung, dass die Förderschüler über ungenutzte Potenziale verfügen, im Mittelpunkt meiner Überlegungen. Die sich hieran anschließende Frage lautete: Wie kann man aus den im schulischen Sinne wertlosen Fähigkeiten etwas *machen?*

Was damit gemeint ist, soll an einem Beispiel kurz erläutert werden: Viele ältere Integrationsschüler können sehr gut mit kleinen Kindern umgehen, auch wenn sie diese Fähigkeit oft unfreiwillig (über stunden- oder tagelanges Beaufsichtigen der kleineren Geschwister) erworben haben. Deshalb sollten gerade diese Schüler dazu ermuntert werden, die mit dem Schulbetrieb noch völlig unvertrauten neuen Mitschüler als zeitweilige *Patenkinder* zu adoptieren.

Auf die überragende Bedeutung des persönlichen Bezuges habe ich bereits im Vorwort hingewiesen. Zu dem dort beschriebenen *brückenbauenden Element* (Herstellung eigener Materialien) kommen in der Praxis noch viele andere hinzu, wobei diese zumeist auf eine Erfüllung seelischer Bedürfnisse hinauslaufen: Vertrauen, Verständnis, Verlässlichkeit, Geduld oder die Fähigkeit zum Mit-Leiden.

Angesichts der Tatsache, dass die Integrationsschüler mehrheitlich aus desinteressierten, überforderten und/oder lieblosen Elternhäusern kommen, reicht es allerdings nicht aus, sich hin und wieder um ein beziehungsstiftendes Vorgehen zu bemühen. Stattdessen muss ein Integrationslehrer bereit sein, diesbezügliche Ansprüche annähernd permanent zu erfüllen. Und genau da wird es wirklich schwierig. Zum einen kann es sehr lange dauern, bis ein Schüler von der Redlichkeit der Beziehungsangebote gänzlich überzeugt ist, und zum anderen kommt es oft genug vor, dass die mit dem Schüler ebenfalls befassten Kollegen jede Form von Beziehungsarbeit kategorisch ablehnen.

Ein weiteres mögliches Problem ist dann gegeben, wenn es – z. B. als Folge eines zu intensiven Mit-Leidens – zu einem Verlust der professionellen Distanz gekommen ist. Je häufiger die kritischen (aber nicht wirklich erlernbaren) Grenzen überschritten werden, desto schneller kommt es zu dem berühmt-berüchtigten *Burn-out-Syndrom*.

Um das Herausfinden eines richtigen Abstandes geht es auch bei der Frage, inwieweit eine körperliche Nähe zu den Schülern zulässig bzw. angebracht ist. Meines Erachtens unterliegt die Beantwortung gerade dieser Frage – und zwar nicht erst seit Bekanntwerden der zahlreichen Missbrauchsfälle – in höchstem Maße dem Selbstbestimmungsrecht des jeweiligen Schülers.

Ohnehin kommt es bei den mit schlechten Vorerfahrungen ausgestatteten Integrationsschülern eher selten vor, dass sie die körperliche Nähe eines Erwachsenen suchen. Ganz im Gegenteil *kultivieren* sie eine kratzbürstige Art, die automatisch für eine Einhaltung der gewünschten Distanz sorgt.

Auf der anderen Seite gibt es – vor allem bei Schülern im Grenzbereich zur geistigen Behinderung – das Phänomen der völligen Distanzlosigkeit, die – seitens der Lehrer – oftmals weitaus schwerer zu ertragen ist. In solchen Fällen ist man weitgehend machtlos und kann höchstens versuchen, sich durch Einführung leicht verständlicher Regeln (z. B. keine Umarmungen im Klassenzimmer) ein wenig Luft zu verschaffen.

Eine allein vom Lehrer ausgehende Berührung ist das anerkennende Streicheln des Kopfes oder der Wange. Während eine solche Geste früher gang und gäbe war, muss heutzutage schon genau überlegt werden, wann und bei wem sie angebracht ist. Dies gilt in ganz besonderem Maße für die Hartgesottenen unter den Integrationsschülern, die nicht nur körperliche Nähe verabscheuen, sondern auch nicht zugeben wollen/können, dass sie (genauso wie alle anderen Menschen auch) gern mal gelobt werden. Unter diesen Umständen kommt – wenn überhaupt – gerade mal ein *Abklatschen* infrage und das möglichst auch nur dann, wenn keine Zeugen in der Nähe sind.

Damit komme ich zu einem Punkt, dessen Bedeutung oft unterschätzt oder sogar geleugnet wird. Die Rede ist von einer zeitweiligen Herausnahme der Integrationsschüler aus dem Klassenunterricht, um stattdessen einen Kleingruppen- oder sogar Einzelunterricht durchzuführen. Zugegebenermaßen hört sich eine solche – wenn auch nur vorübergehende – Trennung von der Klasse nicht gerade nach Integration an, wird meines Erachtens aber verständlich, wenn man sich die Ausgangssituation in Form eines vergleichenden Beispiels vor Augen führt.

Von einem Kind, das schwer gestürzt ist und sich dabei mehrere Knochenbrüche zugezogen hat, würde man auch nicht erwarten, dass es frisch bandagiert gleich wieder im Unterricht erscheint. Abgesehen von dem zunächst erforderlichen Zusammenwachsen der Knochen, lassen die mit den Gipsverbänden einhergehenden aktuellen Behinderungen (z. B. beim Laufen, Sitzen, Schreiben) ein solches Vorgehen gar nicht zu.

Ein bisschen wie in diesem Beispiel muss man sich die Situation vieler Integrationsschüler vorstellen und zwar vor allem dann, wenn sie zu Hause weder physisch noch psychisch richtig versorgt worden sind bzw. werden. Die ihnen dadurch zugefügten Wunden sind nicht selten so groß, dass sie erst einmal *geheilt* werden müssen und zwar in einem Umfeld, in dem sie ohne Angst vor tatsächlichen oder eingebildeten Hänseleien der Mitschüler ihr prophylaktisch-abwehrendes Macho-Gehabe ablegen können.

Der Einzel- bzw. Kleingruppenunterricht sollte in einem eigens zu diesem Zweck eingerichteten Raum stattfinden, der mindestens so groß ist, dass er sich in klar erkennbare persönliche Bereiche (möglichst mit namentlich gekennzeichneten Schubladen und/oder abschließbaren Fächern) aufteilen lässt. Besonders die unter Hartz-IV-Bedingungen lebenden Schüler schätzen und genießen dieses Stückchen Privatheit sehr, da ihnen zu Hause nur höchst selten ein vor Fremdzugriffen geschützter eigener Bereich zur Verfügung steht.

Der erwähnte *Heilungsbedarf* erfordert allerdings nicht nur veränderte Unterrichtssituationen, sondern auch andere Unterrichtsinhalte. So kann es bei wahrnehmungsgestörten Integrationsschülern angebracht sein, einen Wechsel der Perspektive im wortwörtlichen Sinne herbeizuführen, indem die Aufgabe gestellt wird, die im Raum befindlichen Gegenstände auf dem Rücken liegend zu beschreiben.

Im Klassenzimmer wäre die Durchführung einer solchen Übung allenfalls dann möglich, wenn sich die ganze Klasse daran beteiligen dürfte. Schon allein an diesem Beispiel wird deutlich, wo die innerschulischen Integrationsgrenzen liegen: Der normale Unterrichtsstoff umfasst so viele auf Wissensaneignung bezogene Themen, dass anderweitige Unterrichtsinhalte nur minimal zum Zuge kommen.

Diese inhaltliche Unausgewogenheit ist auch deshalb so bedauerlich, weil meines Erachtens nicht nur die Integrationsschüler von einer stärkeren Berücksichtigung allgemein entwicklungsfördernder Bereiche profitieren könnten. In kleinerem Rahmen habe ich mich immer wieder von der Richtigkeit dieser Annahme überzeugen können, wenn mir gestattet wurde, Schüler mit und ohne Integrationsstatus gemeinsam zu unterrichten. Gerade die letztgenannten Schüler blühten in der zumeist entspannten Atmosphäre förmlich auf und erwiesen sich als sehr kooperativ, indem sie zu ihrer eigenen Freude viele Ideen entwickelten, die den Integrationsschülern zugute kamen.

Grundsätzlich ließe sich dieses Modell auf ganze Klassen übertragen, was – unter bestimmten Rahmenbedingungen – tendenziell auch schon häufiger versucht wird. Trotzdem gilt noch immer: Die kindgemäßere Unterrichtung (d. h. Bereitstellung größerer Freiräume und stärkere Beachtung des ganzheitlichen Aspektes) wird in einem systematischen Sinne allein den Privat- und den sogenannten Förderschulen zugestanden – eine in dieser Kombination wahrhaft denkwürdige Verortung!

Dabei sind längst gesamtgesellschaftliche Entwicklungen eingetreten, die nicht nur das auf die Gliederung des Schulsystems bezogene, sondern auch das inhaltliche Spartendenken ad absurdum führen: Angesichts eines stetig anwachsenden Heers an schlecht versorgten Kindern, eines dramatischen Anstiegs prekärer Arbeitsverhältnisse und psychisch belastender Arbeitsbedingungen, einer in diesem Ausmaß noch nie da gewesenen Flucht in Ersatzbefriedigungen, eines sich rasant beschleunigenden Werteverfalls, einer (auch religiös begründeten) Freisetzung von Aggressionen und einer stetig voranschreitenden Zerstörung der Natur müssten die öffentlichen Schulen so schnell wie möglich mit (Gestaltungs-)Freiheiten ausgestattet werden, die über das bisher gewohnte Maß an Kreativität (Einzelprojekte und musische Fächer) weit hinausgehen.

Es versteht sich von selbst, dass auch eine *neue Schule* (d. h. eine Schule mit einem sowohl formal als auch inhaltlich veränderten Konzept) nicht alle Probleme dieser Welt lösen kann. Aber es wäre doch schon viel erreicht, wenn wenigstens die Institution Schule ein *menschlicheres* Gesicht bekäme.

B Integrationsaspekte

Was ist eigentlich Integration? Diese harmlos klingende Frage lässt sich leider nicht so leicht beantworten, wie man angesichts des mittlerweile überall anzutreffenden Begriffes vermuten könnte. Im ursprünglichen Sinn bedeutet integrieren so viel wie vervollständigen, wiederherstellen, ergänzen, aber *nicht* anpassen. Vielmehr geht es in diesem Verständnis darum, dass fehlende Teile ersetzt werden, um den ursprünglichen Zustand wiederherzustellen.

Im soziologischen Verständnis ist Integration die Verbindung einer Vielzahl von einzelnen Personen oder Gruppen zu einer gesellschaftlichen Einheit. Eine Besonderheit stellt die schon vor langer Zeit in der US-amerikanischen Pädagogik entwickelte Variante dar, nach der Integration als Ganzheit des Lebens- und Erziehungszusammenhanges aufgefasst wurde.

1. Meinungsbilder

In schulischer Hinsicht zielt das derzeit vorherrschende Verständnis von Integration auf eine zunehmende Präsenz von *Förderschülern* in den *Regelschulen* ab. Diese Eingliederungsmaßnahme soll ganz wesentlich dazu beitragen, dass sich die beruflichen Chancen der *benachteiligten* Schüler erhöhen.

Doch was heißt Eingliederung, wenn – wie es bei den lern- und geistig behinderten Schülern üblich ist – auf der Grundlage eines zieldifferenten Unterrichts benotet wird? Nach meiner Erfahrung bekommen die meisten Integrationsschüler sehr schnell mit, dass wegen des unterschiedlich angelegten Maßstabes ihre eigenen guten Noten nicht mit den guten Noten der Mitschüler zu vergleichen sind. Auch ein Ausweichen auf die sogenannte *verbale Beurteilung* führt in der Regel nicht dazu, dass die beidseitige Wahrnehmung als *Schüler zweiter Klasse* gemildert wird.

Nicht einmal ein weitgehender Verzicht auf Etikettierungen jedwelcher Art kann ein klasseninternes Wahrnehmungsgefälle verhindern, so lange sich das Selbstbewusstsein der Schüler vor allem an der kognitiven Leistungsfähigkeit orientiert. Deshalb ist ein längeres gemeinsames Lernen für sich genommen noch kein Garant für eine erfolgreiche schulische Integration, sondern zunächst nichts weiter als eine – allerdings ziemlich wichtige – formale Voraussetzung.

Eine spürbare Verbesserung der Situation setzt meines Erachtens voraus, dass es viel mehr Raum für benotungsfreie Unterrichtsinhalte gibt, die am ehesten dafür geeignet sind, ein gegenseitiges Kennenlernen und Verstehen zu fördern. Anders herum formuliert: Unter den gegenwärtigen Bedingungen hängt der Erfolg integrativer Bemühungen in hohem Maß vom Mut der Lehrer ab, sich über die engen Rahmenplanvorgaben hinwegzusetzen.

Das trifft vor allem dann zu, wenn es um die *nicht* lern- und geistig behinderten Integrationsschüler geht, die nach den Vorgaben der Rahmenpläne unterrichtet werden sollen. Dabei wird völlig außer Acht gelassen, dass die nichtkognitiven Behinderungen so gut wie nie ein isoliertes Problem darstellen, sondern zumeist eng verzahnt mit der schulischen Leistungsfähigkeit sind.

Im Endeffekt haben damit alle Integrationsschüler das Nachsehen: Die guten Noten sind entweder nicht viel wert (Sondernoten) oder sie werden gar nicht erst erreicht. Man könnte auch so sagen: In der derzeit gehandhabten Form passen Notengebung und Integration nur schlecht zusammen.

Zu der ohnehin bestehenden Problematik kommt hinzu, dass es leider auch solche Lehrer gibt, die für Integrationsschüler wenig bis gar nichts übrig haben. Bei allem grundsätzlichen Verständnis für diese Position (d. h. angesichts der überwiegend schlechten schulischen Rahmenbedingungen) ist es doch erschreckend, wenn bestimmte Schüler nur noch als unverbesserliche Störenfriede, Verweigerer oder Parasiten wahrgenommen werden, die jedes Anrecht auf eine intensivere Beschäftigung mit ihnen dauerhaft verwirkt haben.

Damit ist eine große Nähe zu vielen in der Öffentlichkeit geführten Diskussionen gegeben, auch wenn es dort nur teilweise um die schulische Integration geht. Auffallend sind vor allem zwei Parallelen: Hier wie dort werden Schuldzuweisungen vorgenommen und mit der Vorstellung verknüpft, dass Integration nicht *umsonst* zu haben ist.

Zu den Ungereimtheiten der öffentlich geführten Diskussionen gehört die fast vollständige Ausblendung des auf Behinderungen bezogenen Integrationsbedarfs. Stattdessen ist eine recht einseitige Fokussierung auf die *Ausländerproblematik* zu beobachten, die zudem ein reichlich schizophren anmutendes Argumentationsmuster hervorgebracht hat: Passend zu den jeweiligen Forderungen werden die Ausländer entweder alle in einen Topf geworfen (Asylbewerber, Alteingesessene, Neuzuwanderer, Angeworbene oder Inhaber eines Doppelpasses), während in der Frage der sogenannten *Integrationswilligkeit* fein säuberlich nach Nationen getrennt wird, wobei derzeit *die* Vietnamesen den diesbezüglichen Spitzenplatz einnehmen.

Als besonders suspekt gelten diejenigen Ausländer, die Anhänger des islamischen Glaubens sind. Unterstützt von entsprechenden Presseberichten werden ihnen gleich mehrere Negativmerkmale unterstellt: Integrationsunwilligkeit, Arbeitsscheu und Terroranfälligkeit. Abgerundet wird das Schreckensszenario durch den Hinweis, dass die in diesem Umkreis übliche hohe Geburtenrate schon in absehbarer Zeit zu einer Umkehrung der Mehrheitsverhältnisse in Deutschland führen wird.

Die auf Halbwahrheiten beruhenden Dauerklagen befördern bei den auf diese Weise abgestempelten Menschen natürlich nicht gerade den Wunsch, sich deutschen Gepflogenheiten anzupassen. Mehr noch: Irgendwann schlägt die stets unterstellte Integrationsunwilligkeit in eine tatsächliche Integrationsunwilligkeit um, die auf deutschen Schulhöfen permanente gegenseitige Beleidigungen (»Kanaken« contra »Schweinefresser« und Schlimmeres) zur Folge hat. Dieses Verhalten ist auch bei den Integrationsschülern untereinander anzutreffen und zwar vor allem dann, wenn sie ausnahmslos der Unterschicht entstammen: Wer so weit unten steht, hat es besonders nötig, auf andere herabblicken zu können.

Der *Berechtigungsfaktor* spielt dabei keine Rolle mehr. Dem ist allenfalls mit einer Versachlichung der Diskussion, die allerdings die Bereitschaft zur Einnahme einer gänzlich anderen Perspektive voraussetzt, beizukommen. Dazu ein bewusst konstruiertes Beispiel: Stellen Sie sich bitte vor, dass Sie nach Spanien auswandern wollen, weil Ihnen von einer spanischen Firma ein (auch finanziell) interessanter Arbeitsplatz angeboten worden ist. Nun sind Sie aber Tierschützer und Vegetarier und werden in eine Region geschickt, die hauptsächlich von Viehzucht und Stierkämpfen lebt. Mithin stehen Sie vor einem gewaltigen Dilemma: Sollen Sie so tun, als hätten Sie Ihren alten Überzeugungen abgeschworen, damit Sie eine Integrationschance erhalten? Oder sollen Sie bleiben, wie Sie sind, auch wenn Sie mit dieser Haltung in Ihrer neuen Umgebung ein permanentes Außenseitertum riskieren?

Trotz seines fiktiven Charakters lässt das Beispiel erkennen, dass es nicht unbedingt religiöse Gründe sein müssen, die einer Anpassung an fremde Lebensformen im Wege stehen und dass tendenziell jeder Mensch in eine Außenseiterposition geraten kann. Eine solche Erkenntnis ist vielleicht geeignet, zukünftig besser der Versuchung widerstehen zu können, sich auf Kosten der *Abweichler* zu profilieren.

Von den Erwachsenen kann noch mehr erwartet werden: Sie sollten bereit sein, die Integration nicht nur als lästige Pflicht, sondern als *große Infragestellerin* zu begreifen, d. h. als relativ häufig gegebenen Anlass, die aus dem vertrauten Kosmos hervorgegangenen Gewissheiten einer Überprüfung zu unterziehen.

Und das gilt dann auch wieder für die Schule: Wer kann garantieren, dass ein überwiegend auf die Erbringung kognitiver Leistungen ausgerichtetes Schulsystem das Beste für die Kinder ist? Trifft es zu, dass sich die Schüler nur auf diese Weise auf dem Arbeitsmarkt behaupten können? Und wie verträgt sich ein solches Vorgehen mit den ebenfalls formulierten, aber ganz andersartigen Zielen (Eintreten für die Demokratie, Übernahme von Verantwortung, Empathiefähigkeit etc.)?

Vor dem Hintergrund solcher und ähnlicher Fragen habe ich eine eigene Auffassung von schulischer Integration entwickelt. Nach meinem Verständnis bedeutet schulische Integration die Herbeiführung einer Atmosphäre, in der sich alle Schüler gut aufgehoben fühlen und – im Rahmen ihrer Möglichkeiten – mit Freude lernen. Begünstigende Faktoren sind beispielsweise: gegenseitiger Respekt, Erfolgserlebnisse, Hilfsbereitschaft und ein über den Augenblick hinausgehendes Verständnis für angeborene und/oder erworbene Schwächen.

Es fällt auf, dass die hier gewählten Formulierungen zur Bestimmung eines auf erlebbare Gleichberechtigung abzielenden Integrationsansatzes den seinerzeitigen Forderungen, die auf die Schaffung einer *guten Schule* bedacht waren, stark ähneln. Das ist natürlich kein Zufall, da es hier wie dort um die Gestaltung einer Schule geht, in der sich Schüler, Lehrer sowie alle anderen Mitarbeiter gemeinsam wohlfühlen.

2. Systemgrenzen

Das deutsche Schulsystem ist für die Integration von Schülern denkbar schlecht geeignet, da es (bis heute) auf Aussonderung angelegt ist. Sinnfälligster Ausdruck dieser Grundhaltung ist die der Mehrgliedrigkeit geschuldete Selektionspraxis. Aber auch andere für unser Schulsystem typische Faktoren wirken sich integrationshemmend aus.

Damit meine ich beispielsweise die strikte Trennung von Erziehung und Unterricht, die auf klar verteilten Zuständigkeiten basiert: Erziehung ist die Domäne der Elternhäuser und (in abnehmendem Maße) der Kitas, während sich die Schule allein dem Unterricht zu widmen hat. (Nur am Rande sei erwähnt, dass auch viele Lehrer – und zwar nicht zuletzt aus Zeitgründen – diese Trennung befürworten.)

Dazu passt, dass fein säuberlich zwischen *Kind* und *Schulkind* unterschieden wird. Während ein Kind noch ganzheitliche Bedürfnisse haben darf, muss ein Schulkind lernen, dass es fortan fast nur noch um die Entwicklung seiner kognitiven Fähigkeiten geht.

Dementsprechend eindimensional ist das (schon längst wieder) vorherrschende Leistungsverständnis. Erfolge nichtkognitiver Art gelten als minderwertig und es kommt auch vor, dass darauf abzielende Bemühungen als *leistungsfeindlich* diskriminiert werden.

Gegen die Integrationsfähigkeit des deutschen Schulsystems spricht auch die ernst gemeinte Unterscheidung zwischen Lernen und Fördern. Einmal abgesehen davon, dass jedes Lernen ein Fördern ist, wird mit dieser Unterscheidung verleugnet, dass auch *normale Schüler* förderbedürftig sein können.

Für die *Förderschüler* kommt noch die Erfahrung hinzu, dass sie im Bewusstsein ihrer nicht stigmatisierten Mitschüler als die *Doofen* gelten. Diese Zuordnung sorgt schnell für eine Verhärtung der Fronten, sodass es sehr schwer werden kann, einerseits für mehr Verständnis zu sorgen und andererseits einen Motivationsabbau zu verhindern.

Als ob das alles nicht schon genug wäre, hat die selektive Ausrichtung des deutschen Schulwesens noch ein weiteres Problem mit sich gebracht: Viele der hier tätigen Lehrer arbeiten nicht gern mit anderen zusammen oder haben sogar Angst davor. Speziell die Angst vor dem Kontrolliertwerden ist ziemlich weit verbreitet, aber es gibt auch teilweise berechtigte Befürchtungen.

Angesichts der schulüblichen Bevorzugung kognitiver Lerninhalte bleibt es nicht aus, dass Integrationslehrer häufiger mit relativ attraktiven Angeboten in Erscheinung treten können, wodurch sich die angestammten Lehrer gar nicht so selten in den Hintergrund gedrängt fühlen. Für manche ist es dann nur noch ein kurzer Weg bis zur Entwicklung von Neid- und Hassgefühlen, die sich um den Vorwurf einer ungerechten Arbeitsverteilung ranken.

Neu hinzugekommen ist ein rasanter Anstieg der Hochbegabtenförderung, der aber nicht zu einer Aufwertung des Förderbegriffs, sondern statt dessen zu einer Verschärfung der Situation geführt hat. Eine besonders bedenkliche Variante dieser Art der Förderung liegt immer dann vor, wenn Eltern versuchen, ihre Kinder zu Höchstleistungen zu peitschen, ohne sich zu fragen, ob die hierfür erforderlichen Voraussetzungen überhaupt gegeben sind.

Die entsprechenden Bemühungen setzen teilweise schon Jahre vor Beginn der Schulzeit ein und beinhalten oft gleich mehrere Bereiche auf einmal (Klavier, Ballett, Erstleseunterricht, Chinesisch für Kleinkinder etc.). Einen ganz frühen Zugriff ermöglicht das (mittlerweile schon in vielen Ländern übliche) Babyfernsehen, das sich ungeachtet seiner zweifelhaften Auswirkungen auf die Entwicklung des kleinkindlichen Gehirns wachsender Beliebtheit erfreut.

Hinter derartigen Förderversuchen steht der unbedingte Wille vieler (zumeist betuchterer) Eltern, ihren Kindern um beinahe jeden Preis (bis hin zur *Verfütterung* bedenklicher Medikamente) einen Wettbewerbsvorteil zu verschaffen. Im Extremfall kommt dabei eine nur noch auf das Erbringen von Höchstleistungen getrimmte Kindheit heraus, wie sie von der (inzwischen allerdings schon wieder zurückrudernden) *Tigermutter* Amy Chua beschrieben worden ist.

Den Wirtschaftsunternehmen, die ohnehin schon längst dabei sind, sich immer größere Teile des Bildungssektors einzuverleiben, kommt diese Entwicklung sehr gelegen, da sie den eigenen Vorstellungen einer sinnvollen (Aus-)Bildung weitgehend entspricht. Was darunter zu verstehen ist, lässt sich mittlerweile recht gut an der Umstrukturierung des Hochschulbereiches ablesen, der mehr und mehr dem Diktat der privatwirtschaftlichen Geldgeber unterliegt.

Unter Berufung auf den europäischen Einigungsprozess ist ein Bachelor- und Master-System durchgedrückt worden, das (auch in zeitlicher Hinsicht) nur noch stringente Zielvorgaben kennt, die keinen Raum mehr für ein breiter angelegtes Studium lassen. Der von den bildungspolitisch Verantwortlichen als effektiv gepriesene Begrenzungstrend lässt sich besonders deutlich an den *zerhackten* (d. h. in Modulform angebotenen) Studieninhalten ablesen, die mehr oder weniger beziehungslos nebeneinander stehen, sich dafür aber gut überprüfen lassen.

Auch im Schulbereich schreitet die privatwirtschaftliche *Landnahme* zügig voran. Aus einer anfänglich stark gestreuten (und zugleich harmlos erscheinenden) Mitwirkung ist mittlerweile ein ziemlich umfassendes Kooperationsgeflecht geworden. Dabei fällt auf, dass das wirtschaftliche Engagement bevorzugt bei den *Problemkindern* ansetzt, die später eher nicht übernommen werden sollen.

Diese scheinbare Uneigennützigkeit entpuppt sich bei näherem Hinsehen als raffinierte Strategie. Wer dort hilft, wo die Not am größten ist, wird in aller Regel mit offenen Armen empfangen. Da reicht es schon, wenn vereinzelt (wie in Berlin) die Bezahlung derjenigen Lehrkräfte übernommen wird, die zusätzlichen Förderunterricht erteilen.

Es gibt aber auch (z. B. in Form von Trainern, die die schuleigenen Lehrkräfte in neue Methoden einweisen) viel direktere Eingriffe in die Unterrichtsgestaltung. Im Hinblick auf zukünftige (noch lukrativere) Geschäftsbeziehungen ist allein schon der sich daraus ergebende Gewöhnungseffekt von großem Nutzen für die dahinterstehenden *Wohltäter,* aber meistens sind die Unterstützungsmaßnahmen von vornherein so angelegt, dass über den Verkauf firmeneigener Produkte (insbesondere teure Lehr- und Lernmittel) die gesponserten Gelder relativ schnell wieder zurückfließen.

Vor dem Hintergrund dieser Machenschaften muss befürchtet werden, dass später, wenn die *Landnahme* erst einmal weitgehend abgeschlossen ist, das Interesse an den benachteiligten Schülern schlagartig nachlässt oder zumindest eine Form annimmt, die auf eine Verschärfung der derzeitig zu

beobachtenden Selektionspraxis hinausläuft: Hier die intensive Förderung
einer handverlesenen *wirtschaftsfähigen Elite* und dort die Beschulung des
großen Restes mit gedrosselter Förderung der ökonomisch nicht gut ver-
wertbaren Schüler.

Für eine tatsächlich so verlaufende Entwicklung spricht beispielsweise die
Absicht des Bundesjugendministeriums, noch in diesem Jahr (2011) die bisherigen Fördermittel zur Unterstützung schwer vermittelbarer Jugendlicher
um die Hälfte zu kürzen. Konkret geht es um die sogenannten Kompetenz-
agenturen und das Programm *Schulverweigerung – die 2. Chance.* Offenbar
werden die sich daraus ergebenden Folgen (u. a. Schließung von 200 Stand-
orten) als hinnehmbar eingestuft.

Eine andere (augenblicklich noch nicht klar zu beantwortende) Frage ist,
ob auch die Schulbehörden als freiwillige Erfüllungsgehilfen wirtschaftlicher
Interessen anzusehen sind. Immerhin fällt auf, dass sie die Schulen mit ständig
dichter werdenden Kontroll- und Bewertungsnetzen überziehen, die in erster
Linie nicht – wie öffentlich propagiert – als hilfreiche Beratungsgrundlagen
empfunden werden.

Von einer integrationsfördernden Wirkung kann jedenfalls keine Rede
sein. Statt dessen nehmen die integrationsfeindlichen Mobbingattacken
permanent zu, wobei mit dem *Cyber-Mobbing* eine neue Stufe der Hem-
mungslosigkeit erreicht worden ist. Reagiert wird wie gewöhnlich: Statt eine
Überprüfung der bildungspolitischen Leitlinien vorzunehmen, wird auf Bun-
desebene versucht, die Seiten abzuschalten, während auf Länderebene einige
Erwachsene mit zusätzlichen Computerkenntnissen ausgestattet werden
(bzw. werden sollen), um sich dadurch bei den Jugendlichen Respekt verschaffen zu können.

Ein derart oberflächlicher Umgang mit den zugrunde liegenden (Fehl-)
Entwicklungen gefährdet auch das, was an positiven Integrationserfahrun-
gen schon mal gesammelt werden konnte: Eine Anhebung des Lernniveaus
aufseiten der Integrationsschüler und eine Verbesserung der sozialen Kompetenzen aufseiten der Mitschüler. Kommt es aber so, dass die Integrationsschüler wieder verstärkt als überflüssige Fremdkörper wahrgenommen werden, nähme ihre Anwesenheit im *Regelschulsektor* schnell eine Alibifunktion
an, die letztendlich mit einer Instrumentalisierung der Integrationsschüler
gleichbedeutend wäre.

Angesichts der aufgezeigten Systemgrenzen und der sich daraus ergebenden *Integrationsrisiken* kann ich mir nicht vorstellen, dass sich die von der
UN-Behindertenrechtskonvention geforderte Inklusion (d. h. die Regelbe-
schulung auch der schwer- und schwerstbehinderten Schüler) in absehbarer
Zeit tatsächlich verwirklichen lässt. Schließlich gilt in diesem Zusammenhang

erst recht, dass eine Einbettung in ein strukturell *und* inhaltlich verändertes Umfeld unumgänglich ist.

3. Ausgleichsfunktionen

Was kann oder soll schulische Integration leisten? Da sich diese Frage nur in Verbindung mit den jeweiligen Grundeinstellungen beantworten lässt, ist es nicht verwunderlich, dass die diesbezüglichen Ansichten stark voneinander abweichen. Wer beispielsweise betont, für die Probleme der Integrationsschüler nicht persönlich verantwortlich zu sein und außerdem von deren *Unverbesserlichk*eit überzeugt ist, kann in integrativen Bemühungen keinerlei Sinn erkennen. Von meinem durchaus vorhandenen Verständnis für diese Position nehme ich ausdrücklich diejenigen Lehrer aus, die jede sich bietende Gelegenheit nutzen, um Integrationsschüler öffentlich bloßzustellen und/ oder zu drangsalieren.

Ein völlig anderer Blickwinkel ergibt sich, wenn man die Integrationsschüler als Teil einer Gesellschaft sieht, die sich viel zu wenig um ihre elenden Daseinsbedingungen kümmert. Diese Sichtweise beinhaltet die Überzeugung, dass es eine staatlicherseits zu erfüllende Bringschuld hinsichtlich einer Wiederherstellung der mehr oder weniger verschütteten Potenziale gibt. Dabei sollte es um den individuell bestmöglichen Ausgleich der Erziehungs-, Wissens- und Fähigkeitslücken gehen, die sowohl der (weitgehend hingenommenen) Deprivation als auch dem extrem einseitigen schulischen Leistungsverständnis geschuldet sind.

Eine der vorbereitenden Aufgaben besteht darin, den jeweils gegebenen Ausgleichsbedarf zu ermitteln. Dazu eine Klarstellung: *Ausgleichsbedarf* klingt weniger diskriminierend als *Defizite,* meint letzten Endes aber doch dasselbe, d. h. das Nichtvorhandensein bestimmter Fähigkeiten und Fertigkeiten, die sich im Laufe einer nicht allzu gestörten Entwicklung üblicherweise dauerhaft herausbilden.

In Anbetracht der geschilderten Hintergründe versteht es sich von selbst, dass eine überwiegend intelligenztestbasierte Diagnose den hier gemeinten Kindern nicht gerecht wird. Zu den weitaus aussagekäftigeren Ansätzen gehören die *Kind-Umfeld-Analyse* (Eggert) und das *Szenische Verstehen* (mehr dazu im Kapitel *Beziehungspädagogik*), das auch als diagnostisches Instrument genutzt werden kann.

Die so gewonnenen Informationen scheinen auf den ersten Blick wenig hilfreich zu sein, da die Institution Schule nur einen geringen Einfluss auf die entwicklungsbehindernden Lebensbedingungen hat. Das Einholen ausführlicher Hintergrundinformationen macht dennoch Sinn, weil sich auf dieser

Grundlage die Wahrnehmung schwieriger Schüler sehr zu deren Gunsten verändern kann: Die bislang fast nur als *Störenfriede* erlebten Kinder (Täterperspektive) treten als junge Menschen mit schweren und schwersten Schicksalen (Opferperspektive) in Erscheinung.

Damit wird auch deutlich, was mit floskelhaften Begriffen wie *bildungsferne Elternhäuser* eher zu- als aufgedeckt wird: Wir haben es mit überwiegend auf sich selbst gestellten Kindern zu tun, denen zumeist sehr schmerzhaft beigebracht worden ist, dass sie wertlos sind, nichts Nützliches hervorbringen können und keine Liebe verdient haben.

Von Ausnahmen abgesehen, kommen die so geprägten Kinder in ein Schulsystem, das wie eine Anstalt zur Bestätigung der auf Abwertung und Zurückweisung hinauslaufenden Erfahrungen organisiert ist: Wer nicht mitkommt, bleibt sitzen oder wird ausgesondert und wer stört, erhält keine Zuneigung. Mit anderen Worten ergibt sich der schulisch bedingte Anteil an der Lernentwöhnung aus dem Umstand, dass die vom Schicksal ohnehin bestraften Kinder die Schule wie eine zusätzliche Strafanstalt erleben.

In diesem Zusammenhang sei noch einmal daran erinnert, dass es in dem vorliegenden Buch hauptsächlich um die *lernschwachen* und/oder *verhaltensgestörten* Integrationsschüler geht. Für diese Schülergruppe trifft die nachfolgende Überlegung in ganz besonderem Maße zu: Wer Integration will, muss auch eine andere Schule wollen, d. h. eine Schule, die sich nicht länger an Lernentwöhnungsprozessen beteiligt, sondern stattdessen für eine möglichst weitgehende Kompensation der bisherigen Negativerfahrungen sorgt und so dazu beiträgt, dass es im Zuge eines neu geweckten Interesses am Lernen zu einer Verbesserung der Teilhabemöglichkeiten kommt.

Damit ist allerdings nicht unbedingt der Erhalt eines (festen) Arbeitsplatzes gemeint, da sich die Annahme, dass die Förderschüler tendenziell eine bis zur Chancengleichheit reichende Möglichkeit zur späteren Unterbringung auf dem (ersten) Arbeitsmarkt hätten, bislang als unzutreffend herausgestellt hat. Für die im oberen Segment geförderten Schüler (Hochbegabtenförderung) steht eine solche Perspektive (einschließlich eines guten Gehaltes) mehr oder weniger außer Frage, aber sicher nicht – oder doch nur ganz partiell – für die am unteren Ende der Skala stehenden Schüler. Schließlich werden Arbeitsplätze nicht in der Schule, sondern in der Wirtschaft geschaffen und die hat nun einmal nur ein mäßiges (in der Regel auf Transferleistungen beschränktes) Interesse an Schülern, bei denen auch nach Beendigung der Schulzeit ein – wenn auch individuell unterschiedlicher – Unterstützungsbedarf gegeben ist.

Zudem übersteigt – mit angeblicher Ausnahme des Facharbeitersegments – die Arbeitsplatznachfrage das vorhandene Angebot dermaßen, dass zwischenzeitlich auch schon viele Mittelständler entlassen worden sind. Deshalb muss endlich einmal darüber nachgedacht werden, wie eine Vorbereitung auf eine weitgehend *arbeitsplatzfreie* Lebensgestaltung aussehen könnte.

Mir ist bewusst, dass sich eine solche Forderung sehr nach Resignation anhört und deshalb nur widerstrebend oder gar nicht aufgegriffen wird. Auf der anderen Seite nützt es den Schülern wenig, wenn wir diesen Teil der Realität einfach ausblenden. Stattdessen müssen wir es schaffen, den Betroffenen Möglichkeiten aufzuzeigen, wie sie auch ohne einen festen Arbeitsplatz ein geregeltes und auf gesellschaftliche Teilhabe angelegtes Leben führen können.

Dabei handelt es sich allerdings schon um ein ziemlich hochgestecktes Ziel, da vielfach nicht einmal die rudimentären lebenspraktischen Kenntnisse vorhanden sind. Bekanntestes Beispiel ist die Handy-Schuldenfalle, in die etliche Jugendliche so tief hineingeraten, dass sie ihr junges Leben mit einem schier endlosen Abstottern beginnen müssen. Weitere Anschaffungen (und/oder die Finanzierung diverser Süchte) führen dann schnell zu einer hoffnungslos erscheinenden Lage.

Aus derartig vermurksten Startbedingungen resultiert eine lange Verweildauer in Elternhäusern, die – abgesehen von sonstigen Problemen – nicht in der Lage sind, die Jugendlichen mit dem für ein eigenverantwortliches Leben erforderlichen Rüstzeug auszustatten. Das fängt bei der Eigenversorgung (Essen, Kleidung, Hygiene) an und hört beim Umgang mit Dokumenten (Zeugnisse, Mietverträge, Versicherungspolicen) noch lange nicht auf.

Mit anderen Worten erwächst der Schule auch auf diesem Gebiet eine ausgleichende Aufgabe, doch oft ist gerade hier noch weniger Bewegung als auf dem Erziehungssektor erkennbar. In dieser Zurückhaltung liegt ein weiterer Grund dafür, dass die als oberstes Integrationsziel propagierten Chancen hinsichtlich eines späteren sozialen Aufstiegs nur selten tatsächlich wahrgenommen werden können.

Fazit: Trotz Aufstockungen an der einen oder anderen Stelle reichen die derzeitigen schulischen Fördermaßnahmen für eine Abdeckung des realen Bedarfs bei weitem nicht aus.

C Instandsetzungspädagogik

Zugegeben: Ohne den Zusatz *Pädagogik* klingt *Instandsetzung* sehr nach Gebäudesanierung oder Klempnerarbeiten. Im Kern treffen solche Assoziationen auch durchaus zu, da jeder Korrektur- und/oder Ausgleichsversuch etwas von einer Reparatur an sich hat.

In dem hier vorliegenden Verständnis umfasst *Instandsetzungspädagogik* alle Bemühungen, die auf eine Verbesserung der Teilhabemöglichkeiten abzielen. Der nachträgliche Auf- bzw. Ausbau teilhabender Fähigkeiten trägt immer dann zum Gelingen der schulischen Integration bei, wenn sowohl die einzelnen Schüler als auch die schulischen Gemeinschaften davon profitieren.

Tendenziell geht es allerdings nicht nur um die schulische Integration, sondern auch um die Befähigung zu einer möglichst selbstständigen und würdevollen Gestaltung des ganzen Lebens. Dabei hängen Art und Umfang des Kompensationsbedarfes in hohem Maße von den individuellen Voraussetzungen ab. Wegen ihrer besonders schlechten Voraussetzungen stehen die sogenannten *benachteiligten* Schüler im Fokus der Aufmerksamkeit.

Nachhaltige Verbesserungen können allerdings – um es noch einmal zu sagen – erst dann erwartet werden, wenn eine strukturelle *und* inhaltliche Neuausrichtung des gesamten Schulwesens stattfindet. Basis aller Bemühungen (und zugleich Unterrichtsprinzip) ist der Versuch, eine tragfähige Beziehung zu den Schülern aufzubauen. Dazu gehört ganz wesentlich die Erfüllung seelischer Bedürfnisse, deren Beachtung auch den Nichtintegrationsschülern gut täte.

In diesem Zusammenhang kann man auch von einem *Heilungsbedarf* sprechen, wie ich ihn in meiner Denkschrift (siehe Vorwort) thematisiert habe. Als Folge der neu hinzugekommenen Überlegungen verfügt dieser Begriff allerdings nicht mehr über seine damalige Vorrangstellung, sondern ist zu einem Teil der Instandsetzungspädagogik geworden, die (siehe Abb. 1) auf vier Säulen beruht: Erfüllung seelischer Bedürfnisse *(Beziehungspädagogik)*, Erwerb sozialer Kompetenzen *(Gemeinschaftspädagogik)*, Verbesserung des Wissensstandes *(Lernzugangspädagogik)* sowie Erlernen lebenspraktischer Inhalte *(Beratungspädagogik)*.

Mit Ausnahme der während der letzten Schuljahre erstmalig auftretenden Erfordernisse (Beispiel: Beratung in Lebensgestaltungsfragen) lassen sich die in den nachfolgenden Kapiteln als *Interventionsschwerpunkte* bezeichneten Bereiche in der Praxis nicht voneinander trennen. Eine ohnehin immer anstehende Aufgabe ist die *Instandhaltung,* weshalb sie in der Abbildung als säulentragendes Element erscheint.

Zusammenfassend lässt sich die Instandsetzungspädagogik als Versuch definieren, Schüler mit mangelhaft entwickelten oder gänzlich verloren gegangenen Bildungsfundamenten individuell bestmöglich mit Fähigkeiten, Fertigkeiten und Kenntnissen nachträglich so auszustatten, dass sie in die Lage versetzt werden, zumindest im privaten Bereich ein würdevolles und anerkanntes Leben führen zu können.

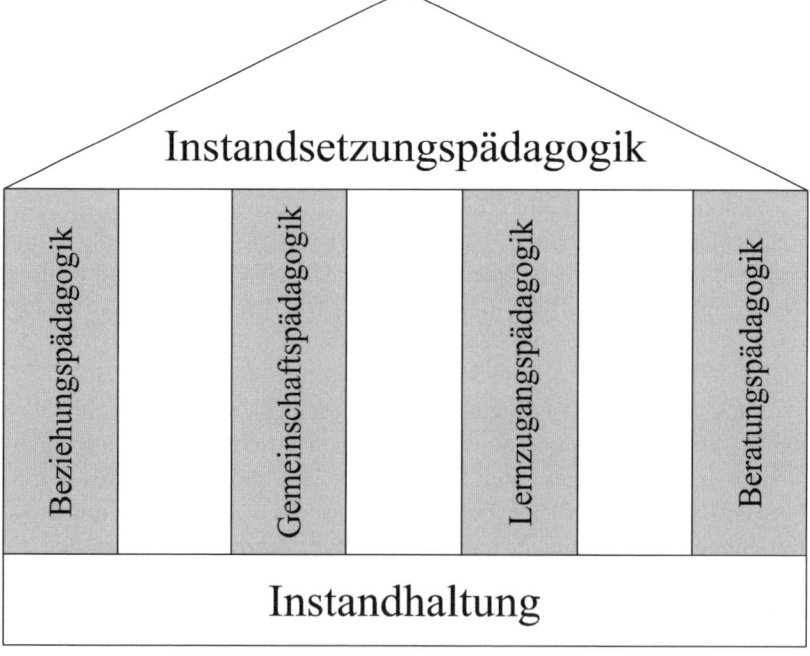

Abb. 1: Säulenmodell der Instandsetzungspädagogik

1. Interventionsschwerpunkte

Mittlerweile habe ich bereits an mehreren Stellen des Buches darauf hingewiesen, wie sehr die (besonders in Deutschland beheimatete) *Trennsucht* den Integrationsprozess behindert. Ganz besonders destruktiv wirkt sich die (faktisch noch immer bestehende) Gliederung des Schulsystems aus, die in den allermeisten Fällen mit einer künstlichen Trennung von Erziehung und Lerninhalten einhergeht.

Vor diesem Hintergrund dürfte klar sein, dass die säulenartige Illustration meines Instandsetzungsmodells keinesfalls für eine strikt voneinander zu trennende Herangehensweise steht. Deshalb ist es zutreffender, anstelle von *Säulen* von *Interventionsschwerpunkten* zu sprechen.

Aber auch dieser Begriff bedarf einiger Erläuterungen. *Intervenieren* heißt ja so viel wie *eingreifen* oder *sich einmischen* und weist somit von vornherein auf ein Machtgefälle hin: Der *Eingreifer* ist immer der Überlegene. Es kommt allerdings sehr darauf an, wie die Erwachsenen ihre nun einmal vorhandene Macht einsetzen, wobei die diesbezügliche Spannbreite enorm ist. Im besten Fall erfährt das Kind eine an seinen Gaben orientierte fördernde Lenkung, während es im schlechtesten Fall körperlich und/oder seelisch misshandelt wird.

Die dazwischen liegenden Unterstützungsversuche laufen immer dann auf eine Über- oder Unterforderung hinaus, wenn sie nicht zum jeweiligen Kind passen. Davor sind auch Lehrer nicht gefeit, zumal ihnen oft entscheidende Hintergrundinformationen fehlen und sie sich dann notgedrungen am Auftreten der Schüler während des Unterrichts orientieren.

Zusammenfassend lässt sich sagen, dass Erwachsene nicht unbedingt *richtig* intervenieren, aber ohne Interventionen geht es nicht, wenn man ein Kind nicht verkümmern/verkommen lassen will. Im Übrigen hat das Wort *intervenieren* auch noch die Bedeutung von *vermitteln* und damit ist meines Erachtens genau das ausgedrückt, was schulische Interventionen leisten sollten: Die vermittelnde Heranführung der Schüler an die Welt der Erwachsenen, um letztendlich darin Fuß fassen zu können.

1.1 Beziehungspädagogik

Der Begriff *Beziehungspädagogik* bedarf schon allein deshalb einer Erläuterung, weil pädagogisches Handeln eine Lehrer-Schüler-Beziehung voraussetzt und somit sehr nach einer Tautologie klingt. In dem hier gemeinten Sinne geht es allerdings nicht um die per se bestehenden Beziehungen, sondern um die bei etlichen Schülern feststellbaren Beziehungsstörungen. Das bedeutet, dass eine der Hauptaufgaben der Beziehungspädagogik darin bestehen muss, alternative Beziehungserfahrungen zu ermöglichen.

Konkret geht es bei dieser Aufgabe darum, schlechte mitmenschliche Erfahrungen (z. B. Vernachlässigungen, Lieblosigkeit, Gewalt) durch gute mitmenschliche Erfahrungen (z. B. Fürsorge, Zuneigung, Gewaltlosigkeit) zu ersetzen. Ab wann auf dieser Grundlage mit dem gezielten Abbau der bereits ausgebildeten Symptome (z. B. Unsicherheit, Arbeitsverweigerung,

Verhaltensauffälligkeiten) begonnen werden kann, hängt u. a. davon ab, wie ausgedehnt und wie lange die Bedürfnisse eines Kindes missachtet worden sind.

Wenn die Verletzungen sehr tief gehen, kann schon der erste Schritt (Aufbau eines Vertrauensverhältnisses) viel Zeit in Anspruch nehmen. Ich selbst habe einmal erlebt, wie ein Junge gut zwei Jahre brauchte, bevor er mir sagen konnte, dass ich »gar nicht so verkehrt« sei. Und das auch nur deshalb, weil ich in dieser Zeit jedes ihm gegebene Versprechen Woche für Woche eingehalten habe.

Ohnehin unterliegt der Aufbau einer vertrauensvollen Beziehung permanenten Gefährdungen. Dabei gehen diese gar nicht so selten – wenn auch unbeabsichtigt – von den Lehrern selbst aus. So kann die beiläufig gestellte Frage »Kennst du das nicht von zu Hause?« ausreichen, um die bis dahin erzielten Erfolge zu eliminieren.

Gerade Schüler aus *schlechten* Elternhäusern können sehr empfindlich reagieren, wenn sie das Gefühl haben, dass ihr Zuhause kritisiert wird. Da ihnen keine anderen Lebensbedingungen zur Verfügung stehen, fällt es ihnen oftmals schwer, die Dinge so zu sehen, wie sie sind. In manchen Fällen ist der Wunsch nach Verdrängung so stark, dass er zur Errichtung kompletter Fantasiewelten führt, die z. B. von allseits vorbildlichen Müttern und Vätern bevölkert werden.

Es kann aber auch sein, dass die Kinder zu Hause erzählen, was ihnen in der Schule widerfahren ist und dann dauert es meistens nicht lange, bis eine empörte Mutter den Lehrer zur Rede stellen will. Einmal abgesehen davon, dass die häuslichen Berichte fast immer auf Übertreibungen und/oder Missverständnissen beruhen, führen solche Gespräche auch wegen der oft falsch gewählten Zeitpunkte (während des Unterrichts oder – bei Anrufen – mitten in der Nacht) nur selten zu einer Verbesserung der Atmosphäre.

Ein angespanntes Verhältnis zwischen Schule und Elternhaus eignet sich natürlich nicht als vorbildliches Beziehungsmodell. Das trifft auch für den Umgang mit jenen Elternhäusern zu, deren Überehrgeiz immer dann gebremst werden muss, wenn der Aufbau und/oder Erhalt einer Klassengemeinschaft auf dem Spiel steht.

Mit anderen Worten muss die integrative *Beziehungsarbeit* oft ohne passende Beispiele aus dem Nahbereich der Schüler auskommen. Auch deshalb ist es wichtig, dass die Schule möglichst viele externe Verbindungen (z. B. zu sozialen Einrichtungen, zu Sportvereinen oder zu Rettungsdiensten) knüpft. Oftmals erweisen sich die Vertreter solcher Einrichtungen als sehr wertvolle Co-Erzieher, die das häusliche (und zumeist auch schulische!) Erziehungsdefizit partiell auszugleichen vermögen.

In diesem Zusammenhang soll noch deutlicher als bislang darauf hingewiesen werden, dass – zumindest während der Entwicklungsjahre eines Menschen – *Beziehung* und *Erziehung* nicht voneinander zu trennen sind.

Das gilt selbst dann, wenn die Übernahme erzieherischer Aufgaben bewusst abgelehnt wird. Erziehung dient schließlich nicht nur dem Kennenlernen von Benimmregeln, sondern auch – meines Erachtens sogar in erster Linie – der charakterlichen Entwicklung. Dementsprechend bleibt Nicht-Erziehung nicht folgenlos, sondern begünstigt ein orientierungsloses Verhalten.

Und dennoch werden mittlerweile sogar die Kitas, deren Personal ja nicht zufällig aus Erzieherinnen und Erziehern besteht, dermaßen mit anderen Aufgaben überhäuft, dass für die Umsetzung der ursprünglichen Kernkompetenz kaum noch Zeit bleibt. (Von meiner Kritik an den neu hinzugekommenen Aufgaben nehme ich die Deutschkurse aus, da diese ebenfalls eine grundlegende Funktion erfüllen.)

Während des Unterrichts kommt es zunächst darauf an, die von den beziehungsgestörten Schülern ausgehenden Provokationen (Beschimpfungen, permanentes Klopfen mit unterschiedlichen Gegenständen, scheinbar grundloses Auflachen etc.) zu ertragen. Dabei hilft vielleicht die Überlegung, dass nicht das Austesten der Grenzen im Vordergrund steht, sondern der Versuch, die Ernsthaftigkeit des Beziehungsangebotes zu überprüfen.

Ein meines Erachtens besonders geeigneter Ansatz zum Umgang mit den *Belastungsproben* ist das von Lorenzer und Leber begründete und von Heinemann, Ahrbeck u. a. weiterentwickelte Konzept *Szenisches Verstehen und fördernder Dialog*. Dabei geht es – sehr kurz gesagt – darum, über ein verbessertes Verständnis der Verhaltensmechanismen (Selbstreflexion) zu einem dem Kind gerechter werdenden Interventionsverhalten zu gelangen.

Ein wesentlicher Bestandteil des Konzepts ist die Annahme, dass beziehungsgeschädigte Kinder unter dem Zwang stehen, ihre unerfreulichen Erfahrungen immer wieder reinszenieren zu müssen. Deshalb provozieren sie auch wohlmeinende Erwachsene so lange, bis diese sich genauso verhalten wie die ihnen vertrauten Personen. Das scheinbar irrationale Verhalten der provozierenden Kinder macht vor allem deshalb Sinn, weil sich aus der Schaffung bestens bekannter Situationen ein Gefühl der Sicherheit ableiten lässt. Mit entnervt und/oder ablehnend reagierenden Erwachsenen können beziehungsgeschädigte Kinder gut umgehen, während sie sich angesichts freundlicher Beziehungsangebote zunächst völlig verunsichert fühlen. Dementsprechend besteht der allererste Interventionsschritt darin, sich ungeachtet der enormen Herausforderung als unzerstörbar zu erweisen.

Das Aushalten von Provokationen und anderen Reinszenierungsformen ist natürlich viel leichter gesagt als getan. Aus eigener Erfahrung weiß ich, wie schnell man sich komplett hilflos fühlen kann und sich dann zu lautstarken oder anderen unangemessenen Reaktionen hinreißen lässt.

Die danach fällige Entschuldigung kann ergänzt werden durch andere Maßnahmen wie z. B. das (oft gern wahrgenommene) Angebot, im Falle eines weiteren nicht vorbildlichen Lehrerverhaltens auch als Schüler intervenieren zu dürfen. Die dazugehörende gemeinsame Festlegung der zu beachtenden Interventionssignale kann einerseits als vertrauensbildende Maßnahme und andererseits als schulische Herausforderung verstanden werden. Auf jeden Fall geht es immer auch um die Erwartung, dass sich die Schüler selbst um konstruktive Beiträge bemühen.

Obwohl es sich bei den zuletzt genannten Maßnahmen um eigene Ideen handelt, dürften sie ganz gut zur ausgearbeiteten Form des szenischen Verstehens passen, in der es fast mehr um das Zumuten als um das (auch Containern genannte) Halten geht. Dieser Teil des Konzepts setzt sich aus mehreren Elementen zusammen: symbolische Konfliktverarbeitung, Übernahme von Hilfs-Ich-Funktionen, Gelegenheit zur Wiedergutmachung, Konfrontation mit der Realität sowie nicht-genetisches Deuten.

Eigentlich hätte es jedes einzelne Element verdient, ausführlicher dargestellt zu werden, aber das nähme dann doch zu viel Platz in Anspruch. Eine Ausnahme mache ich bei der Übernahme von Hilfs-Ich-Funktionen, weil ich mich noch gut daran erinnern kann, wie erleichtert ich seinerzeit über die Erkenntnis war, dass es – allen Zweifeln und Vorwürfen zum Trotz – durchaus angebracht sein kann, die ersten Schritte eines Arbeitsauftrages teilweise selbst auszuführen.

Um nur ein Beispiel zu nennen: Zur Überwindung von Verweigerungshaltungen in Verbindung mit schriftlich zu erledigenden Aufgaben habe ich oft (und zumeist erfolgreich) vorgeschlagen, die einführenden Sequenzen in abwechselnder Lehrer-Schüler-Reihenfolge zu bearbeiten. Man könte ein solches Vorgehen auch als *pädagogische Brückentechnologie* bezeichnen, bei der es eben nicht um eine Entbindung von Pflichten geht, sondern darum, die Schüler auf den zur Pflichterfüllung führenden Weg zu leiten.

1.2 Gemeinschaftspädagogik

Im Vergleich zur vorangegangenen *Beziehungspädagogik* erklärt sich der Begriff *Gemeinschaftspädagogik* beinahe von selbst. In diesem Bereich geht es um eine Verbesserung der Gemeinschaftsfähigkeit, die – aus dem Blickwinkel der Betroffenen eines abweichenden Verhaltens – zuallererst eine *Gemeinschaftsverträglichkeit* erbringen soll.

Denn genau hier liegt der Hase im Pfeffer: Die meisten benachteiligten Schüler *stören* und das in vielfältiger Hinsicht. Als besonders belastend werden

Aggressionen, Verweigerung, Hyperaktivität, Unzuverlässigkeit, Verlogenheit, Desinteresse, Antriebslosigkeit, Konzentrationsunfähigkeit, Verstocktheit, Neigung zum Nachäffen, unangenehme Geräusche (Schmatzen, Schlürfen, Rülpsen), mangelnde Hygiene und ständig fehlende Arbeitsmaterialien empfunden. Leider kommt es gar nicht so selten vor, dass (fast) alle Phänomene gleichzeitig auftreten.

Erschwerend kommt hinzu, dass Schüler mit derartigen Verhaltensweisen und Angewohnheiten immer zahlreicher werden, auch wenn dies aus statistischer Sicht nicht der Fall sein soll. Die unterschiedliche Wahrnehmung ist deshalb von so großer Bedeutung, weil sich die Mittelzuweisungen an den statistischen Befunden orientieren. Anders ausgedrückt: Da statistisch gesehen nur ca. 2 % eines Jahrgangs zu den *Problemschülern* gehören, können Schulbehörden und -verwaltungen behaupten, dass die zusätzlich ausgereichten Mittel dem Bedarf weitgehend entsprechen.

Immerhin wird zugegeben, dass es soziale Brennpunkte gibt und die bekommen dann ein etwas größeres Stück von dem zur Verfügung stehenden Kuchen ab. Und trotzdem sieht es in der Praxis in den allermeisten Fällen so aus, dass es hinten und vorne nicht reicht. Ein paar zusätzliche (Lehr-)Kräfte, die mit zwei oder drei Wochenstunden pro Integrationsschüler von Klasse zu Klasse hoppeln, stellen keine wirkliche Erleichterung dar.

Generell gilt, dass sich Integration nicht auf der Basis statistischer Daten bewerkstelligen lässt. Großzügigere Berechnungen würden zwar die gegenwärtige Situation verbessern, aber die eigentlichen Probleme sind nur auf der Grundlage qualitativer Zuweisungskriterien in den Griff zu bekommen.

Damit meine ich vor allem das schon eingangs angesprochene *Störpotenzial*. Außenstehende können sich vielleicht nicht vorstellen, wie belastend tägliche Unterrichtsunterbrechungen in den unterschiedlichsten Formen (Unpünktlichkeit, Anzetteln von Streitigkeiten, Zerstörung von Materialien, Missachtung von Regeln und Verlassen des Unterrichts als zusätzliche Beispiele) sein können. Unter solchen Umständen dauert es meistens nicht allzu lange, bis sich bei den Lehrern ein Gefühl der Hilflosigkeit und/oder Inkompetenz einstellt, das zu einer kompletten Ablehnung der Störenfriede führt. Der einzige Unterschied zu den Mitschülern besteht dann oft nur noch darin, dass – von Ausnahmen abgesehen – Lehrer ihre Ablehnung nicht so offen zeigen.

Würde sich die Verteilung der Bildungsgelder nach *Belastungsquotienten* richten, stünden Kitas und nichtgymnasiale Schulen plötzlich sehr viel besser da und könnten sich beispielsweise permanente *Doppelsteckungen* (zwei Verantwortliche pro Gruppe oder Klasse) leisten. Auch Gehaltsumschichtungen wären denkbar, die wegen der daraus resultierenden Steigerung des gesellschaftlichen Ansehens nicht unterschätzt werden sollten.

Doch solange dies alles noch Zukunftsmusik ist, muss man schauen, was im Hinblick auf die erwünschte Gemeinschaftsfähigkeit derzeit überhaupt durchführbar ist. Zur besseren Strukturierung der bestehenden Interventionsmöglichkeiten habe ich ein 3-Stufen-Modell entwickelt:

a) Aufbau einer vertrauensvollen Beziehung zum erwachsenen Integrationspartner (siehe vorheriges Kapitel)

b) Aufbau einer entspannten Beziehung zu einzelnen Mitschülern

c) Aufbau einer achtsam-achtungsvollen Beziehung zur ganzen Klasse

Zunächst möchte ich daran erinnern, dass ich bereits im Kapitel *Ausgangspositionen* auf die Vorteile einer anfänglichen *Isolierung* der Integrationsschüler hingewiesen habe. Je nach den persönlichen Fortschritten der Probanden kann schon in dieser Phase mit der Hinzuziehung einzelner Mitschüler begonnen werden. Dabei muss allerdings beachtet werden, dass deren Hinzuziehung ebenfalls eine Herausnahme aus dem Unterricht bedeutet, die von den Klassenlehrern nicht immer befürwortet wird. Die häufigsten Gegenargumente beziehen sich auf das eigentlich unnötige Verpassen der Unterrichtsstunde sowie auf die zu befürchtenden elterlichen Vorbehalte. Auf der nichtrationalen Ebene können sogar Neidgefühle eine Rolle spielen.

Gelingt es dann aber doch, Zweiergespanne zu bilden, sprechen die Ergebnisse schnell für sich. In den allermeisten Fällen motivieren sich die Schulpartner auf Zeit gegenseitig, haben Spaß miteinander und können – wenn es ganz gut läuft – über dieselben Dinge lachen. Ist dieser Grad der Entspannung erst einmal erreicht, dauert es nicht lange bis zu der Erkenntnis, dass der jeweils andere zumindest nicht nur schlechte Seiten hat.

Wenn zu dem Zweiergespann ein Förderschüler gehört, der den Zustand der Lernentwöhnung schon teilweise überwunden hat, ist es grundsätzlich auch möglich, einen individuell abgestuften Gleichklang mit dem parallel stattfindenden Klassenunterricht herzustellen. Hierzu ein ganz simples Beispiel: Während sich der eine Teil des Gespanns mit dem Heraussuchen und Markieren unterschiedlicher Wortarten befasst, besteht die Aufgabe des anderen Teils darin, alle groß geschriebenen Wörter zu unterstreichen.

Im anschließenden Auswertungsgespräch können die Beteiligten gemeinsam darüber nachdenken, weshalb die Anzahl der im selben Text markierten groß geschriebenen Wörter voneinander abweicht und weshalb Lehrer häufig solche Aufgaben stellen. Die Erörterung des letztgenannten Punktes kann natürlich schnell zu der Feststellung führen, dass Schule ziemlich doof und/oder langweilig ist.

Im Sinne der angestrebten Integration sind derartige Aussagen äußerst wertvoll, auch wenn sie von vielen Erwachsenen vielleicht als unangebracht empfunden werden. Was hier zählt, ist die plötzlich gefundene Gemeinsamkeit, die auch noch ausbaufähig ist. So könnte man das Gespräch überleiten zu Freizeitaktivitäten, bei denen es immerhin teilweise Übereinstimmungen (vor allem im Zusammenhang mit Computerspielen und Fußball) zu entdecken gibt.

Sitzungen dieser Art sollten nach und nach mit allen Mitschülern einer Klasse durchgeführt werden. Mit ziemlicher Wahrscheinlichkeit kann davon ausgegangen werden, dass es am Ende eines solchen Prozesses erkennbar freundlicher, verständnisvoller und toleranter zugeht. Mit Rückschlägen ist allerdings immer zu rechnen und zwar besonders dann, wenn ein Integrationsschüler während des allgemeinen Unterrichts mal wieder *ausrastet*.

Zur Stabilisierung der durch die Kennenlernwochen eingeleiteten Verbesserung des Klassenklimas ist die dritte Begegnungsstufe (Aufbau einer achtsam-achtungsvollen Beziehung zur ganzen Klasse) konzipiert worden. Wie anspruchsvoll diese Aufgabe ist, ergibt sich aus dem dahinter stehenden Ziel einer (oft erstmals) von *beiden* Seiten gewollten Aufnahme in die bestehende Klassengemeinschaft, die über die formale Zugehörigkeit weit hinausgeht. Mit der Hinzufügung des Begriffes *achtsam* soll dementsprechend verdeutlicht werden, dass die Herausbildung einer (gegenseitigen) Achtung ein hohes Maß an Aufmerksamkeit erfordert.

Von zentraler Bedeutung ist der Umstand, dass Achtung Selbstachtung voraussetzt. In Anbetracht der seit langem bestehenden Lern- und Leistungsdefizite fällt es Integrationsschülern allerdings schwer, sich als vollwertig zu akzeptieren.

Deshalb muss es das Bestreben der Lehrkräfte sein, den Integrationsschülern Gelegenheiten zu verschaffen, bei denen sie sich wenigstens in einer Kategorie hervortun können. Dazu wieder einmal ein Beispiel: Zusammen mit einem pantomimisch besonders begabten Integrationsschüler habe ich (vor langer Zeit) eine kleine Szene entwickelt, die dieser im Rahmen einer Geburtstagsfeier vor seiner Klasse aufführte. Die Zartheit, mit der dieser Schüler die in der Szene vorkommenden Gefühle pantomimisch auszudrücken vermochte, war so überwältigend, dass die Klasse spontan Beifall spendete.

Ein so oder ähnlich angestoßener Veränderungsprozess setzt sich in einer Art Ping-Pong-Spiel fort: Am Anfang steht eine bewundernswerte Leistung, die von den anderen voll anerkannt wird. Diese (häufig erstmalig erlebte) Fremd-Achtung hebt das Selbstwertgefühl der Bewunderten, die dadurch (so nach und nach) in die Lage versetzt werden, nun ihrerseits den Mitschülern mit Achtung zu begegnen.

Aber auch in anderen Zusammenhängen spielen Erfolgserlebnisse die mit Abstand wichtigste Rolle auf dem Weg zur Herausbildung eines sozialverträglichen Verhaltens. Entsprechende Gelegenheiten ergeben sich manchmal fast von alleine, wie die Fortsetzung des Pantomime-Beispiels zeigt: Nach der Aufführung wurde die Klasse gefragt, ob sie nicht Lust hätte, an einer Gruppenpantomime mitzuwirken. Dieser Vorschlag wurde begeistert aufgenommen, wobei von vornherein klar war, dass es ohne den Integrationsschüler gar nicht erst zu diesem Vorschlag gekommen wäre. Mit anderen Worten durfte sich der bislang gemiedene Schüler in dem Gefühl sonnen, dass die Klasse ausgerechnet ihm etwas Schönes zu verdanken hatte, bei dem er auch noch beratend tätig werden konnte.

Gleich zwei Erfolgserlebnisse an einem einzigen Tag sind natürlich eine Ausnahme, aber grundsätzlich ist es häufiger möglich, ein Erfolgserlebnis aus dem anderen abzuleiten. Allerdings bedarf es schon einer gewissen Erfahrung, um die in einer Situation steckenden Erweiterungschancen sofort zu erkennen.

Zu den klassischen Mitteln der Verhaltensmodifizierung gehören diverse Belohnungssysteme sowie der Abschluss von (zumeist schriftlichen) Verträgen. Beide Mittel können erfolgreich sein, bergen aber auch Risiken in sich. Das trifft vor allem für die Verträge zu, die ja schon von ihrer Anlage her das Scheitern immer mit bedenken müssen (»Vertragsbruch«). Allzu leicht kann es vorkommen, dass die vertragsschließenden Schüler noch gar nicht in der Lage sind, sich über längere Zeiträume an die festgelegten Regeln zu halten und dann müssten die im Vertrag vorgesehenen Sanktionen greifen. Im günstigsten Fall werden die Sanktionen akzeptiert, können aber auch – nicht selten in Verbindung mit einem Rückfall in alte Verhaltensmuster – auf heftigen Widerstand treffen.

Trotz des deutlich kleineren Risikopotenzials ist auch hinsichtlich der Belohnungssysteme eine gewisse Vorsicht angebracht. Manche Systeme sind so kompliziert, dass Schüler schnell den Überblick verlieren. Bei anderen muss man aufpassen, dass sich keine kontraproduktive Einstellung (Arbeit/Engagement nur noch im Belohnungsfall) herausbildet. Nicht zuletzt deswegen muss unbedingt darauf geachtet werden, dass die eingesetzten Anreize eine immer abstraktere Form annehmen (Beispiel: Minigeschenke – Sammelpunkte für kleine Vergünstigungen – schriftliches Lob).

Geradezu verblüffende Effekte können mit Maßnahmen erzielt werden, bei denen Tiere eine Rolle spielen. Dazu zählen die in manchen Klassen eingesetzten Therapiehunde, von denen nachweislich eine stark beruhigende Wirkung ausgeht.

Aus persönlicher Erfahrung weiß ich, dass auch menschlicher Besuch ein kollektives Innehalten auslösen kann. Das gilt für Vertreter unterschiedlicher Berufsgruppen ebenso wie für Zeitzeugen. Den mit Abstand größten Eindruck

erzielen neugeborene Geschwisterchen, wenn sie in den Armen ihrer Mütter
der Klasse vorgestellt werden.

Das weist darauf hin, dass Empfindsamkeit selbst bei jenen Schülern vorhanden ist, denen man das am allerwenigsten zutrauen würde. Diese (ansonsten versteckte) Gabe erklärt auch die großen Erfolge bei der Durchführung
pantomimischer Übungen (siehe Kapitel *Verhaltenstraining*).

1.3 Lernzugangspädagogik

In erster Linie steht der Begriff *Lernzugangspädagogik* für den (gemeinsam
mit den Schülern zu unternehmenden) Versuch, einen geeigneten (d. h. individuell angepassten) Zugang zum Lernen zu finden. Ein solcher Versuch ist
vor allem dann erforderlich, wenn inzwischen eine Lernentwöhnung stattgefunden hat.

Wie an anderer Stelle bereits angedeutet worden ist, können sowohl häusliche als auch schulische Einflüsse an der Entstehung des hier als Lernentwöhnung bezeichneten Zustandes beteiligt sein. Zu den bekanntesten der hierfür
infrage kommenden Ursachen zählen: körperliche Misshandlungen, seelische
Belastungen, schlechte/unregelmäßige Ernährung, permanente Misserfolgser-
lebnisse, absolutes Desinteresse, ungünstige Lernbedingungen, ständige Kritik
oder Ermahnungen, öffentliche Bloßstellungen, unerfüllbare Erwartungen etc.

Lernentwöhnung lässt sich in aller Regel nicht monokausal begründen.
Zu den bereits genannten Ursachen tritt häufig noch eine ganz andere Ent-
wicklung hinzu, die ich in Anlehnung an den zuvor gewählten Begriff als
Bewegungsentwöhnung bezeichnen möchte. Bei Kindern und Jugendlichen,
die täglich viele Stunden lang vor dem Fernseher und/oder Computer hocken,
kann davon ausgegangen werden, dass deren für die Bewegung zuständigen
Gehirnareale verkümmern und sich somit nicht mehr anregend auf die für
Sprache und Lernen zuständigen Areale auswirken können.

Das zuletzt erwähnte Beispiel weist gleichzeitig darauf hin, dass die (bei
der Feststellung von Lernproblemen) übliche Einteilung in genetisch bedingte
und umweltbedingte Ursachen in sehr vielen Fällen weder nützlich noch
zutreffend ist. Mittlerweile kann auch in anderen Zusammenhängen immer
häufiger nachgewiesen werden, dass bestimmte Erlebnisse und Erfahrungen
sehr reale physische Spuren hinterlassen, die sich wiederum im Verhalten
niederschlagen. So ist bekannt, dass der Missbrauch eines Kindes (neben
vielen anderen schlimmen Folgen) auch zu einer Beschädigung des *Stress-
schutzgens* führt.

Noch fragwürdiger ist die bei der Beurteilung von Lernleistungen oft
vorgenommene Unterscheidung zwischen Nicht-Wollen und Nicht-Können,
wobei die Kategorie Nicht-Wollen ganz automatisch eine heftige Schuldzu-

weisung enthält, die aber nicht einmal in Anbetracht der gesellschaftlichen
Entwicklung gerechtfertigt ist: In Zeiten, in denen beispielsweise jeder Depp
mit weitgehend talentfreien Darbietungen schnell berühmt werden kann oder
skrupellose Titelaspiranten fremde Texte als eigene Leistung präsentieren,
ist es kaum verwunderlich, wenn schon die normalen Schüler oft nur noch
schwer für ein mit Anstrengungen verbundenes Lernen zu begeistern sind.

Über diesen Punkt sind die lernentwöhnten Kinder schon längst hinaus.
Weil ihnen als Folge der Lernentwöhnung jedes Lerninteresse abhanden
gekommen ist, können sie gar nicht mehr wollen. Das bedeutet im Umkehrschluss, dass sie erst dann wieder wollen können, wenn es gelungen ist, das
zerstörte Lerninteresse wieder neu zu erschaffen.

Damit komme ich zur zweiten Bedeutung des Begriffes Lernzugangspädagogik: Der angestrebte Neuzugang zum Lernen erfordert die Erschließung
neuer Zugangswege zu den Schülern. Diese Wege müssen so beschaffen sein,
dass sie gern beschritten werden, weil sie nicht mit unangenehmen Erinnerungen verbunden und zugleich attraktiv sind.

Der langen Rede kurzer Sinn: Anleitungen zum *Lernen lernen* helfen
lernentwöhnten Schülern nicht weiter, wenn nicht zuvor eine Phase des *Lernen wollen lernen* absolviert worden ist. Je erfolgreicher dies gelingt, umso
leichter wird es möglich sein, die Schüler so nach und nach auch an ein mit
Anstrengungen verbundenes Lernen heranzuführen.

Hinsichtlich der darin enthaltenen emotionalen Anteile würde ein derartig abgestuftes Vorgehen auch anderen Schülern zugute kommen. Wirklich
neu ist diese Erkenntnis nicht, da es schon immer Versuche gegeben hat, den
Lernstoff interessanter und/oder zeitgemäßer zu gestalten. Besonders viel-
versprechend sind Ansätze wie die, bei Vorhandensein eines Therapiehundes
möglichst viele der zu erledigenden Aufgaben dem Hundealltag anzupassen.

Es gibt aber auch ziemlich fragwürdige Anpassungsversuche. Dabei denke
ich beispielsweise an die Herausgabe eines geschlechterspezifischen Rechen-
buches mit blau und rosa gefärbten (!) Einbänden. Als Folge unterschiedlicher
Erziehungsweisen dürfen geschlechterspezifische Vorlieben zwar angenommen, aber nicht verallgemeinert und dadurch zementiert werden.

Noch bedenklicher wird es dann, wenn eine Mittelschichtsorientierung
hinzukommt. Beispiel: Mädchen aus der Unterschicht sind in der Regel keine
Pferdenärrinnen, weil sie – von Ausnahmen abgesehen – keinen Zugang zu
dieser Welt haben. Dementsprechend werden sie sich von diesbezüglichen
Aufgaben bzw. Texten keinesfalls anregen lassen.

Wenn es also darum geht, ein weitgehend (oder schon vollständig) erstick-
tes Interesse am Lernen wieder zum Leben zu erwecken, ist es mit mittel-
standsorientierten Motivationshilfen ganz bestimmt nicht getan. Sehr viel

aussichtsreicher ist der Bezug auf persönliche Merkmale, die trotz ihrer Individualität bei allen Kindern anzutreffen sind (Name, Aussehen, Alter).

Auch Stimme, Gehör, Motorik etc. eignen sich als Ausgangspunkte. Da aber für viele schwer und schwerstbehinderte Kinder schon diese Stufe des persönlichen Bezuges unerreichbar bleibt, soll noch einmal darauf hingewiesen werden, dass Inklusion nicht nur ein formaler Aufnahmeakt ist, sondern eine weit über die schulische Integration hinausgehende Spezialisierung erfordert.

Für die Integrationsschüler gilt, dass sie oftmals nicht nur ein angeknacktes Selbstbewusstsein, sondern auch ein negatives Verhältnis zu ihrem eigenen Körper haben. In diesen Fällen ist es ratsam, zunächst auf die beiden neutralsten Merkmale (Name und Alter) zurückzugreifen. Auf den ersten Blick scheint das sehr wenig zu sein, aber wenn man sich erst einmal darauf eingelassen hat, können sich etliche Zugangs- und Fördermöglichkeiten daraus ergeben.

Sind die Schüler noch sehr jung, ist hinsichtlich des eigenen Namens sogar eine Verbindung zu den in der Klasse durchgeführten Namensspielen möglich. Ansonsten könnte man die Schüler beispielsweise dazu ermuntern, die einzelnen Buchstaben ihres Namens in *Bubble-gum-Schreibweise* auf DIN-A4-Blätter zu übertragen und anschließend auszumalen. Ausmalen macht den meisten Integrationsschülern Spaß und um den geht es in dieser Phase in einem ganz besonderen Maß. Wird die Malaufgabe mit der Bitte verbunden, die vorgezeichneten Ränder so gut wie möglich einzuhalten und innerhalb der Buchstaben kein Weiß durchschimmern zu lassen, geht es auch schon um ein Training der Konzentrations- und Ausdauerfähigkeit.

Allen diesbezüglichen Bemühungen zum Trotz fallen die ersten Ergebnisse erfahrungsgemäß nicht besonders überzeugend aus. Wenn die Schüler mit ihren Resultaten selbst nicht zufrieden sind, ist dies ein Anlass, gemeinsam darüber nachzudenken, wie man die Buchstaben hübscher aussehen lassen könnte. Die einfachste Lösung liegt auf der Hand: Übermalen und Ausschneiden. Fantasiebegabtere Schüler können aber auch auf die Idee kommen, die noch nicht ausgemalten Stellen mit einem dicken schwarzen Filzstift so zu überdecken, dass sich daraus Schlangenlinien ergeben, die die Buchstaben wie ein Netz überziehen.

Ausgefranste Ränder, die oft ein Resultat feinmotorischer Probleme sind, lassen sich ebenfalls einigermaßen elegant korrigieren, indem einfach noch ein paar Extra-Zacken in die Ränder geschnitten werden. So oder so vermitteln die überarbeiteten Ergebnisse einen interessanten Eindruck, sodass der Vorschlag unterbreitet werden kann, die fertigen Buchstaben für die Gestaltung eines Zirkusplakates zu verwenden, das für einen Zirkus wirbt, der den Namen des Schülers trägt. Da ein Zirkus von Darbietungen lebt, kann sich die ursprüngliche Buchstaben-Geschichte zu dem weiterentwickeln, was im vorigen Kapitel *(Gemeinschaftspädagogik)* zu den pantomimischen Erfahrungen gesagt worden ist.

Jedenfalls läuft es immer dann besonders gut, wenn sich das eine Thema mehr oder weniger zwanglos aus dem anderen Thema ergibt. Auf diese Weise merken die Schüler kaum, dass sie etwas lernen und somit eine eigentlich verhasste Tätigkeit ausüben. Zwei weitere Faktoren kommen hinzu: Die Themen sehen nicht nach Schule aus und führen auf eine bislang unbekannt leichte Art zu Erfolgserlebnissen.

Sogar mit dem eigenen Alter lässt sich ein kleiner Prozess in Gang setzen: Zunächst kann die entsprechende Ziffer so oft aus Zeitschriften (Seitenzahlen) ausgeschnitten werden, dass dieses Material für die Herstellung einer aus vielen kleinen Zahlen bestehenden großen Zahl ausreicht. Aus der anschließenden Datierung der persönlichen Alters-Collage ergibt sich die Möglichkeit zu einem Gespräch über (unterschiedliche) Zeitrechnungen sowie über die mutmaßlichen Gründe für den schon früh entwickelten Wunsch des Menschen, sich eine zeitliche Orientierung zu verschaffen. Ob dabei am Ende eine Beschäftigung mit der ägyptischen Geschichte (Berechnung des Nilhochwassers) oder mit der eigenen Vergangenheit (evtl. auch bezüglich des Lehrers) herauskommt, sollte ganz und gar der Situation überlassen bleiben.

Grundsätzlich eignet sich auch das Aussehen zur Ableitung von *Themen- und Übungsketten,* aber das ist, wenn der Schüler sich selbst nicht leiden kann, erst nach der Entwicklung eines einigermaßen tragfähigen Vertrauensverhältnisses angebracht. Sobald diese Voraussetzung erfüllt ist, kann beispielsweise mit einem Puzzle begonnen werden, das aus der zerschnittenen Kopie einer aktuellen Porträtaufnahme des Schülers besteht und über eine zuvor gemeinsam festgelegte Anzahl an Teilen verfügt. Nach dem Aufkleben der zusammengelegten Teile kann das Puzzle je nach Lust und Laune verfremdet werden. Sobald sich die Schüler in dieser Weise ausgetobt haben (übliche Motive: Brille, Schnurrbart, Segelohren), erhalten sie die Gelegenheit, ihr eigenes Spiegelbild mit und ohne Perücke zu betrachten.

Sind die Schüler weder willens noch in der Lage, über die dabei zu beobachtenden Veränderungen des Aussehens zu sprechen, kann eine Überleitung zur *Geschichte der Perücke* erfolgen. Um sich die unterschiedlichen Stile und Funktionen besser vorstellen zu können, wird die Heranziehung eines (elektronischen) Lexikons unumgänglich. Wenn der entsprechende Zugriff schon überwiegend durch die Schüler selbst erfolgen kann, ist der erste Schritt auf dem Weg zur eigenständigen Informationsbeschaffung bereits vollzogen. Bei entsprechender Ausstattung kann die Recherche in der schuleigenen Bibliothek durchgeführt werden. Dieser Ort eignet sich natürlich besonders gut für die Herstellung weiterer literarischer Beziehungen.

Zu welchen Orten und zu welchen Einsichten die noch nicht nachgezeichnete Variante des zuletzt genannten Beispiels (Schüler sind doch willens und in der Lage, über die Veränderungen ihres Aussehens zu sprechen) führen kann, soll der Fantasie der Leser überlassen bleiben, da meines Erachtens mittlerweile ausreichend dargelegt worden ist, was ich in der Praxis unter dem Begriff *Lernzugangspädagogik* verstehe: Ein verknüpftes, aber tendenziell nach allen Seiten hin offenes Lernen, das seinen Ausgang so oft wie möglich von den persönlichen Merkmalen des jeweiligen Schülers nimmt. Von ebenfalls zentraler Bedeutung für die Wiederherstellung der Lernfreude dürften die zahlreichen direkten und indirekten Mitwirkungsmöglichkeiten der Schüler sein.

Nach allen bisherigen Erfahrungen kann ich sagen, dass diese Art des Lernens sowohl den Schülern als auch den Lehrern gut tut. Außerdem fühlt man sich dabei ein bisschen an das Humboldtsche Bildungsideal bzw. an das Hauslehrersystem früherer Jahrhunderte erinnert.

Soviel Luxus hat der normale (d.h. streng nach Fächern aufgegliederte) Unterricht nicht zu bieten. Um dem entgegenzuwirken, werden immer mehr jahrgangs- und fächerübergreifende Vorhaben ins Leben gerufen, die allerdings nicht allen Schüler zur Verfügung stehen. Deshalb habe ich bereits in meiner Denkschrift (siehe *Vorwort*) empfohlen, permanente und allgemein zugängliche Projektabteilungen in den Schulen einzurichten.

1.4 Beratungspädagogik

Beratungspädagogik zielt in erster Linie auf eine gesellschaftliche Instandsetzung ab, die zwar auch – durchaus beabsichtigt – der schulischen Atmosphäre zugute kommt, aber überwiegend doch das nachschulische Leben im Blick hat. Die gesellschaftliche Integration ergibt sich nun einmal nicht automatisch aus der schulischen Integration, selbst wenn diese in hohem Maße geglückt sein sollte.

In beruflicher Hinsicht wird diese Erkenntnis in vielen Schulen bereits umgesetzt. Immer mehr (teilweise speziell ausgebildete) Beratungs- und Betreuungslehrer haben die Aufgabe übernommen, die Jugendlichen in der Übergangsphase vermittelnd und motivierend zu begleiten. Dabei reicht das Spektrum der Betreuungsleistungen vom Bewerbungstraining bis hin zum Akquirieren von Lehrstellen.

Somit ist dieser Bereich schon so gut abgedeckt, dass sich weitere Überlegungen hierzu erübrigen. Ganz anders sieht es mit den Lebensführungskompetenzen aus, die trotz des uralten Spruches »Für das Leben lernen wir und nicht für die Schule!« nie wirklich ein fester (d.h. allgemein verbindlicher) Teil des Unterrichts gewesen sind. Tatsächlich werden diesbezügliche

Unterrichtsinhalte nur in den Lehrplänen ausführlich(er) berücksichtigt, die für die Förderschulen konzipiert worden sind – ganz so, als ob – überspitzt ausgedrückt – alle anderen Schüler keinerlei Probleme mit dem Übergang in ein eigenverantwortliches Leben hätten.

Zur Klarstellung sei gesagt, dass es nicht darum geht (bzw. gehen kann), individuelle Lebenserfahrungen vorwegzunehmen. Stattdessen geht es um den Versuch, die Schüler auf die vorhersehbaren Herausforderungen so vorzubereiten, dass sie besser als zuvor in der Lage sind, diese zu bewältigen.

Wie groß der entsprechende Beratungsbedarf ist, lässt sich indirekt an den immer zahlreicher werdenden Scheindokumentationen der privaten Fernsehsender ablesen, die sich mit Erziehungsfragen, Überschuldungsproblemen, Nachbarschaftskonflikten o. Ä. beschäftigen und damit traumhafte Quoten erzielen. Dieser Entwicklung ist auch mit schulischer Medienerziehung, die dem kritiklosen Konsum medialer Angebote entgegenwirken will, nicht beizukommen.

Die in den meisten Schulen übliche Nichtberücksichtigung lebenspraktischer Fragen mag auch mit der Tatsache zusammenhängen, dass allein schon die Auswahl der vielen infrage kommenden Beratungsbereiche nicht so ganz einfach ist. Wie schnell man dabei den Überblick verlieren kann, zeigt sich bei dem Versuch, einen auf die Lebensplanung bezogenen Themenbaum zu skizzieren: Alle übergeordneten Stichwörter (Wohnen, Arbeit, Familie, Freizeit) lassen sich mehrfach unterteilen, wobei die untergeordneten Stichpunkte ebenfalls differenziert werden können bzw. müssen. Zur Illustration folgt ein auf die ersten Stufen zum Thema Familie beschränktes Beispiel: Partnerschaft (Beziehungsart, Dauer, Rollenverständnis), Kinder (Anzahl, Zeitpunkt, Erziehung), Haushalt (Anschaffungen, Fixkosten, Haushaltsführung), Ernährung (Standardgerichte, Küchenutensilien, Vorratshaltung) etc.

Doch zunächst möchte ich mich dem Erwerb gesellschaftlicher Basisqualifikationen zuwenden, die so grundlegend sind, dass sie auch dem Bereich der Gemeinschaftspädagogik zugeordnet werden könnten. Hinter der unterbliebenen Zuordnung steckt die Entscheidung, dass es in dem erwähnten Kapitel mehr um Aneignungsstufen als um -inhalte gehen sollte. Die deshalb vorgenommene Verschiebung erfordert ein erweitertes Verständnis des Begriffes *Beratung*. Üblicherweise wird Beratung mit *Beratungsgespräch* gleichgesetzt, aber gerade auf den *unteren Ebenen* ist es so, dass die auf die Aneignung gesellschaftlicher Standards bezogenen Gespräche immer erst am Ende eines mehr oder weniger langen Prozesses stehen können.

Erfahrungsgemäß kommen für den grundlegenden Beratungsbereich folgende Themen ganz besonders infrage: Hygiene, (Tisch-)Manieren, Einhaltung von Spielregeln. Themen wie Hygiene und/oder verschmutzte Kleidung sind generell heikle Themen, aber noch mehr Vorsicht ist bei benachteiligten Schülern geboten, die schon eine weitaus harmlosere Bemerkung im Zusammenhang mit ihren Elternhäusern nur schwer oder gar nicht ertragen können (siehe entsprechende Ausführungen im Kapitel *Beziehungspädagogik*). Deshalb ist es ratsam, sich diesem Anliegen auf Umwegen zu nähern und/ oder auf passende Anlässe zu warten. Wenn allerdings (auch für Lehrer) die Not wirklich groß ist, führt kein Weg an einer sofortigen Intervention vorbei.

In weniger dringenden Fällen könnte man ein Suchspiel durchführen, bei dem es darum geht, sechs wie Ostereier versteckte Gegenstände zu finden, von denen drei mit einem W (z. B. Waage, Würfel, Waschlappen) und drei mit einem Z beginnen (z. B. Zange, Zuckertüte, Zahnbürste). Das sich hieran anschließende Ratespiel (»Schau' mal, ob du zwei Dinge siehst, die zusammenpassen!«) sollte damit enden, dass der Schüler die als zugehörig erkannten Gegenstände geschenkt bekommt. Hintergrund dieser Anregung ist die Erfahrung, dass viele benachteiligte Schüler tatsächlich keine funktionsfähigen Hygieneartikel besitzen. Ähnliches gilt oft auch für die Kleidung, die häufig nicht einmal in zweifacher Ausfertigung vorliegt.

Nach dem Verschenken von Waschlappen und Zahnbürste könnten die weiterführenden Fragen lauten:»Hast du gewusst, dass es Waschlappen noch gar nicht so lange gibt? Was haben die Menschen wohl früher gemacht, um sich sauber zu halten?« Den historischen Betrachtungen könnte die Frage folgen, weshalb Sauberkeit eigentlich so wichtig ist. Anschließend wird darauf hingewiesen, dass man sich auf jeden Fall immer dann »von Kopf bis Fuß« waschen sollte, wenn man tüchtig geschwitzt hat und dass man zu diesem Zweck die neuen Sachen so bald wie möglich ausprobieren könnte. Ein geeignetes Mittel zur Motivationsverstärkung ist das Angebot, die jetzt dem Schüler gehörenden Utensilien in geeigneter Form mit Namensinitialen zu versehen.

Im Zusammenhang mit den (Tisch-)Manieren geht es einerseits um die hierzulande korrekte Benutzung des Bestecks (besonders für die außerschulische Integration wichtig) sowie andererseits um die Beherrschung bzw. Einhaltung rudimentärer Benimmregeln (besonders für die innerschulische Integration wichtig). Pädagogisch interessant sind die eigentlich speziellen Verzehrregeln vor allem deshalb, weil sie einen allgemeingültigen Kern enthalten: (Be-)Achtung der Würde und der Bedürfnisse anderer Menschen.

Beim gemeinsamen Essen drückt sich diese Haltung u. a. dadurch aus, dass gewartet wird, bis alle vollständig versammelt sind oder dadurch, dass man seinem Nachbarn nicht vor der Nase herumfuchtelt, um möglichst schnell an eine bestimmte Schüssel zu kommen. Dabei müssen die Schüler noch nicht einmal wissen, dass es hierbei um Respekt und Distanz geht, da allein schon das entsprechende Verhalten – so es denn dauerhaft eingeschliffen werden kann – ausreicht, um die gewünschte Wirkung zu erzielen.

Sämtliche Vorübungen (Handhabung des Besteckes und Erlernen der Benimmregeln) sollten zunächst in einem geschützten Raum stattfinden, da die Integrationsschüler meistens ganz gut wissen, dass sie sich auf diesem Terrain besonders leicht blamieren können.

Sehr willkommene Trainingsgelegenheiten sind Geburtstage, die ein richtiges Essen ermöglichen. Ansonsten muss improvisiert werden, indem z. B. Brotscheiben als Fleischstücke, Milch als Suppe oder Erdnüsse als Erbsen zum Einsatz kommen. Auf dieser Grundlage können sowohl die oben beschriebenen als auch die noch grundlegenderen Umgangsformen (Bitten, Bedanken, Entschuldigen) eingeübt werden.

Für die Durchführung der Ess-Übungen ist die Anwesenheit eines Mitschülers sehr vorteilhaft. Generell sind andere Kinder oft die besten Lehrer, aber in diesem Fall kommt noch hinzu, dass sie – wenn sie sich wie selbstverständlich um ein gesittetes Benehmen bemühen – die Vorbildtauglichkeit eines Erwachsenen weit übertreffen.

Gleiches gilt für das Erlernen der Fähigkeit, sich an Spielregeln halten zu können. Bei dazu (noch) nicht befähigten Schülern enden verloren gegangene Spiele oft mit heftigen Wutausbrüchen und/oder der Zerstörung von Spielmaterialien. Und das ist nicht das einzige Problem: Im Zusammenhang mit materialunabhängigen Spielen geht es keineswegs friedlicher zu. Ganz im Gegenteil ist hier damit zu rechnen, dass destruktive Tendenzen schon sehr früh zu einem Abbruch des Spiels führen.

Derart aufgeheizte Situationen sind auch ein Beispiel dafür, wie wenig man auf die Schnelle ausrichten kann, wenn es keine permanenten Doppelsteckungen gibt. Unter diesen Bedingungen können Interventionen fast nur im Nachhinein stattfinden. Das einzige Mittel, das sofort helfen könnte, wäre ein blitzschnelles Umschalten auf einen anderen Kanal, aber für gewöhnlich funktionieren solche Ablenkungsmanöver nicht, weil alle Beteiligten viel zu aufgeregt sind.

Auch im kleinen Kreis (d. h. im Beisein eines möglichst stressresistenten Mitschülers) haben alle Versuche zur Vermittlung alternativer Erfahrungen nur dann Sinn, wenn zuvor eine entspannte Atmosphäre geschaffen werden konnte. Sobald diese Voraussetzung gegeben ist, lassen sich Spiele durchführen, bei denen von vornherein feststeht, dass der Sieger mit einem kurzen Lob zufrieden sein muss, während sich der Verlierer auf ein kleines Geschenk freuen darf. Das Ganze kann verknüpft werden mit Scherzgedichten aus der Rubrik *Verkehrte Welt,* um auf diese Weise den Spaßfaktor beim Außerkraftsetzen üblicher (Spiel-)Regeln noch ein wenig zu erhöhen.

Die Länge der Spiele sollte wohl erwogen sein. Bei zu kurzer Dauer sind einfach zu viele Geschenke fällig, aber wenn die Spiele zu lang sind, geht – angesichts der zumeist bestehenden Konzentrations- und Ausdauerprobleme – die Spielfreude schnell verloren. Auf jeden Fall kann dem Schülertandem nach ein- oder zweimaliger Wiederholung der *verkehrten Form* vorgeschlagen werden, den weiteren Gang der Dinge selbst zu bestimmen (Beibehaltung des neuartigen Belohnungssystems, Rückkehr zur üblichen Spielweise, Erfinden neuer Regeln etc.).

Im Sinne einer Motivationsverstärkung wäre auch eine in der Klasse veranstaltete Erprobung der neuen Spielart (allerdings nicht unbedingt in Kombination mit realen Geschenken) sehr günstig. Eine solche Verlagerung brächte vor allem den Vorteil mit sich, dass diejenigen, die bislang immer als Siegertypen in Erscheinung getreten sind, zumindest ein Stück weit erfahren können, wie es sich anfühlt, kaum beachtet zu werden.

Nun aber endlich zur zweiten Kategorie der Beratungspädagogik, die ich in Anbetracht der über das Schulleben hinausreichenden Inhalte als *perspektivische Beratung* bezeichnen möchte. In diesem Zusammenhang habe ich schon einleitend darauf hingewiesen, dass der Bereich des Übergangs von der Schule zum Beruf beratungstechnisch mittlerweile ganz gut abgesichert ist.

Was fehlt, ist eine ausführliche Vorbereitung auf ein Leben ohne Arbeit. Verständlicherweise sträuben sich gerade Lehrer gegen eine solche Vorstellung, weil sie wie eine frühe Bestätigung eines beidseitigen Versagens empfunden wird.

Eine andere Ursache der ablehnenden Haltung besteht in der immer wieder tradierten Vorstellung, dass Arbeit und Lebenssinn weitgehend identisch sind. Entgegen dieser Annahme ist es durchaus möglich, auch ohne (Erwerbs-)Arbeit ein erfülltes Leben zu führen. Zwei Voraussetzungen müssen allerdings schon gegeben sein:
1. Eine ausreichende Grundsicherung muss vorhanden sein.
2. Die Menschen müssen schon vor Eintritt in die (Dauer-)Arbeitslosigkeit mit anregenden Tätigkeiten in Berührung gekommen sein.

Allein schon wegen der an zweiter Stelle genannten Voraussetzung ist es geradezu kriminell, wenn an Schulen der Kunst-, Musik- und Sportunterricht immer weiter zusammengestrichen und immer schlechter ausgestattet wird. Die Zahl der Ganztagsschulen, die für einen gewissen nachmittäglichen Ausgleich sorgen können, nimmt zwar zu, aber von einer flächendeckenden Einführung kann noch längst keine Rede sein. Außerdem ist unter den in diesem Rahmen gegebenen Bedingungen (z. B. Lärm) eine gezielte (Einzel-)Förderung nur schwer durchführbar.

Unter dem derzeit immer weiter ansteigenden Druck (z. B. ausgehend von der Absicht, nun auch noch die Ergebnisse von Vergleichsarbeiten zu veröffentlichen) ist gar nicht daran zu denken, dass die benachteiligten Schüler während des normalen Unterrichts in den Genuss prägender kultureller Erlebnisse kommen. Die Beschäftigung mit der Literatur kann kaum als Ausnahme bezeichnet werden, da Literatur etwas mit (sinnentnehmendem) Lesen zu tun hat und somit gerade für die mehr oder weniger stark lernentwöhnten Schüler ziemlich reizlos ist.

Eine unter den gegenwärtigen Bedingungen infrage kommende Übergangslösung könnte in der Ausgabe von *Kulturgutscheinen* bestehen, die den Besuch von mindestens vier kulturellen Veranstaltungen pro Schuljahr ermöglichen. Diese Gutscheine sollten schulgebunden sein, d. h. dass die kulturellen Veranstaltungen nicht gemeinsam mit den Eltern, sondern – eingebettet in entsprechende Vor- und Nachbereitungen – gemeinsam mit der Klasse (oder Gruppe) besucht werden.

Von einer in praktischer Hinsicht grundlegenden Bedeutung wäre der konsequente Ausbau handwerklicher Angebote, die auf eine Vergrößerung des Besitzstandes der Schüler ausgerichtet sind. Als Beispiele seien genannt: Töpfern (Herstellung eigenen Geschirrs und/oder eigener Dekorationsartikel), Schreinern (Herstellung eigener Kleinmöbel und/oder Bilderrahmen), Handarbeiten (Herstellung eigener Bekleidungsstücke und/oder Geschenkartikel). Die mitgedachten Einspareffekte können sich selbstverständlich nur dann ergeben, wenn die benötigten Materialien von der Schule gestellt werden.

Derartige Angebote brächten gleich eine ganze Reihe an Vorteilen mit sich: Zum einen die in solchen Zusammenhängen immer gegebenen Effekte (Förderung von Fähigkeiten und Fertigkeiten wie Geschicklichkeit, Ausdauer, Fantasie etc.) und zum anderen die auf das Individuum bezogenen Effekte (Erfolgserlebnisse im Zusammenhang mit der Schaffung eines kleinen und – aus Sicht der Schüler – teilweise kostenfreien Hausstandes).

Ein weiteres Anliegen besteht darin, die Schüler mit dem Wert und der Würde handwerklicher Arbeit vertraut zu machen, wodurch eine wesentliche Voraussetzung für einen achtsameren Umgang mit eigenen und fremden Besitztümern gegeben ist. Außerdem kann damit gerechnet werden, dass die aus guten Materialien gefertigten Haushaltsgegenstände zu einer Ästhetisierung des Wohnumfeldes beitragen.

Zum Bereich des Selbermachens gehört nicht zuletzt das Kochen, wobei schon bei der Planung der Kochkurse darauf geachtet werden sollte, dass die Zubereitung kostengünstiger Mahlzeiten im Vordergrund steht.

Ein völlig anderer Ausgleichs- und Unterstützungsbedarf ergibt sich aus der Tatsache, dass viele der in den hoch entwickelten Ländern lebenden

Kinder und Jugendlichen nur selten oder gar keine Gelegenheit haben, sich körperlich austoben zu können. Dieser Mangel wirkt sich besonders desaströs bei jenen Heranwachsenden aus, die als Alternative kaum mehr als Prügeleien oder Koma-Saufen kennengelernt haben.

Nun könnte man einwenden, dass immerhin die auf benachteiligte Schüler spezialisierten Berufsschulen relativ viele Lehrgänge anbieten, die mit größerer körperlicher Arbeit (z. B. Garten- und Wegebau) verbunden sind. Die hier angesiedelten Angebote kommen allerdings viel zu spät, da solche Berufsschulen mehrheitlich von Jugendlichen besucht werden, die schon längst jede Lust auf ein wirklich kräftezehrendes Zupacken verloren haben.

Trainingsmöglichkeiten nochmals anderer Art sind gefragt, wenn es um das Auffinden wohnortferner Aufenthaltsorte geht. Besonders Großstadtkinder müssen in die Lage versetzt werden, mithilfe von Stadt- und Fahrplänen auch bislang unbekannte Bezirke bzw. Straßen ausfindig machen zu können. Entsprechende Übungen verbessern sowohl die Ortskenntnisse als auch den Grad der Selbstständigkeit bei der Wahrnehmung ortsferner Termine, die aus ganz unterschiedlichen Anlässen (z. B. Sportveranstaltungen oder Vorstellungsgespräche) gegeben sein können.

Zusammenfassend lässt sich sagen, dass integrative Lebensvorbereitung schon in der Schule einsetzen und weitaus mehr als die im Rahmen von Schülerfirmen realisierten Zusatzangebote umfassen muss. Wichtig ist die systematische Erschließung kultureller und praktischer Bereiche, wobei das Erlernen des praktischen Know-hows oftmals die Möglichkeit bietet, verschiedene Übungsfelder miteinander zu kombinieren. Beispiel Tischlerarbeiten: In der Vorbereitungsphase bietet sich ein Wegetraining an (Einkauf der Materialien in weit entfernt liegenden Baumärkten), während die Durchführungsphase (neben vielen anderen Inhalten) zahlreiche Gelegenheiten zur körperlichen Ertüchtigung bietet.

Doch zunächst werden die Jugendlichen, die sich in einem hormonellen Aufruhr befinden, einen ganz anderen Beratungs- bzw. Unterstützungsbedarf haben. In dieser Phase kreist ihr Denken um Themen wie Liebe, Treue, Geschlechtsverkehr, Aussehen und Verabredungen.

Zu allem Unglück für die ohnehin stark verunsicherten Jugendlichen kommt in sehr vielen Fällen ein Wust an unausrottbaren Fehlinformationen und mangelnden Kenntnissen hinzu. So wird immer noch geglaubt, dass man beim ersten Mal nicht schwanger werden kann und von den Jungen wird immer noch befürchtet, dass sie während des Geschlechtsverkehrs ganz plötzlich urinieren müssen.

Trotz des intimen Charakters solcher Themen eignen sie sich in der Regel ganz und gar nicht für ein Zweiergespräch. Damit spiele ich nicht darauf an, dass für Lehrer die Gefahr größer geworden ist, zu Unrecht sexueller Übergriffe bezichtigt zu werden, sondern darauf, dass Jugendliche sich schon allein deshalb schrecklich genieren, weil sie nicht zugeben können/wollen, auf bestimmten Gebieten (oft einschließlich der Intimpflege) keine Ahnung zu haben.

In gewisser Weise wird dadurch die erforderliche Beratung sehr einfach. Es genügt, einen ganz neutral angelegten Lehrervortrag (z. B. zum Thema Verhütungsmittel) zu halten, in dessen Verlauf die eine oder andere zusätzliche Bemerkung wie selbstverständlich eingestreut wird. Aus eigener Erfahrung weiß ich, dass bei solchen Gelegenheiten selbst die rabiatesten Schüler wie gebannt zuhören.

Ausgesprochen schwierig ist der Umgang mit den jeweils bevorzugten *Eroberungstechniken*, zu denen bei den Mädchen bestimmte Kleidungs- und/ oder Schminkstile gehören. Dabei ist zu unterscheiden zwischen allgemeinen jugendlichen Protestritualen und den als *unterschichttypisch* geltenden Merkmalen. Da diesbezügliche Hinweise leicht etwas Elitäres an sich haben, sollte Kritik nur dann geäußert werden, wenn ein konkreter Anlass (z. B. Einübung von Vorstellungsgesprächen) vorliegt.

Die von den Jungen bevorzugte Strategie besteht darin, ihr Supermann-Image zu perfektionieren. Dementsprechend lehnen sie jede Form von Weichheit (z. B. Zärtlichkeit) vehement ab. Ungeachtet der eigenen Einstellungen ist es auch in diesem Fall (vor allem für Lehrerinnen!) ratsam, sich mit direkten Interventionen zurückzuhalten.

Sehr oft äußert sich das Macho-Gehabe der Jungen auch in der Weise, dass alle Mädchen als »Weiber« oder »Schlampen« tituliert werden. Eine Verschärfung dieses Problems tritt immer dann ein, wenn islamisch geprägte Jungen glauben, für diese Haltung eine kulturelle bzw. religiöse Rechtfertigung für die zur Schau getragene Verachtung von Frauen zu besitzen. Da die aus den unteren Schichten stammenden Jungen fast ihr gesamtes Wissen über Sexualität aus Pornofilmen beziehen, ahnen sie nicht einmal, welche Dimensionen der Liebe ihnen bislang verschlossen geblieben sind. Damit sind sie noch schlechter dran als die benachteiligten Mädchen, die wenigstens über eine vage Vorstellung von Romantik verfügen.

Ein früher nicht gekanntes Problem stellen die virtuellen Freundschaften dar, die den Angehörigen der Generation *facebook* schon längst so selbstverständlich geworden sind, dass sie alle diesbezüglichen Einwände für reichlich überzogen halten. Während der leichtfertige Umgang mit ganz persönlichen Daten für die Mehrheit der Jugendlichen zutrifft, sind vor allem die auf den Konsum trivialer Fernsehsendungen versessenen Jugendlichen oft auch noch so naiv, dass sie kritiklos allen übermittelten Informationen Glauben schenken.

Im Gegensatz zu den virtuellen Freundschaften sind die davon ausgehenden Gefahren sehr real und können ggf. bis zur Anbahnung missbräuchlicher Beziehungen reichen. Vor diesem Hintergrund müsste in allen Schulen ganz viel Zeit darauf verwendet werden, die Kinder und Jugendlichen immer wieder über die möglichen Tricks und Machenschaften falscher Internetfreunde aufzuklären. Ähnliches gilt für die mit den Computerspielen verbundenen Suchtgefahren.

Von ebenfalls fundamentaler Bedeutung ist die Beratung in Erziehungsfragen, worunter ich hauptsächlich die Erziehung der zukünftigen Kinder verstehe. Damit soll vor allem der Tendenz einer sozialen Vererbung der qualvollen eigenen Erziehungserfahrungen entgegengewirkt werden. Der vor diesem Hintergrund beste Zugang dürfte – wieder einmal – in einer neutralen Vermittlung von Fakten bestehen, die sich in diesem Fall hauptsächlich auf die organischen Folgen schädlichen Erziehungsverhaltens (Schütteln, Verprügeln, Nahrungsentzug etc.) beziehen. Mindestens ebenso wichtig ist eine Aufklärung über die große Bedeutung, die eine intensive (medienunabhängige) Beschäftigung mit den Kindern hat.

Ob die dabei gewonnenen Erkenntnisse die Schüler veranlassen, ihre eigene Vergangenheit kritisch zu durchleuchten, ist fraglich und wäre auch nicht unproblematisch. Ohne ausreichendes psychologisches Rüstzeug können Lehrer nur das tun, was im Rahmen des Szenischen Verstehens (siehe Kapitel *Beziehungspädagogik*) als *nicht-genetisches Deuten* bezeichnet wird.

Über die genannten Beispiele hinaus kommen eine Reihe anderer Beratungsbereiche (z. B. Haushaltsführung, Gesundheitsvorsorge, Umgang mit unterschiedlichen Dokumenten) in Betracht. Beachtenswert sind auch die 1000 Kleinigkeiten, die für ein gut funktionierendes Sozialleben unerlässlich sind. Als Beispiel möchte ich die immer wieder zu beobachtende Nachlässigkeit erwähnen, eine bereits angenommene Einladung nicht rechtzeitig abzusagen, wenn diese – aus welchen Gründen auch immer – nicht mehr wahrgenommen werden kann.

Trotz dieser Lücken dürfte schon längst klar geworden sein, dass bezüglich der Lebensführungskompetenz ein großer Beratungsbedarf besteht, der im Falle einer ernst gemeinten Integration bereits in der Schule zu erfüllen ist. Hinzu kommt, dass das spätere Leben für alle Schüler komplexer geworden ist (Stichworte: Globalisierung, Lohndumping, Ellbogenmentalität, Werteverfall, Reizüberflutung, Orientierungslosigkeit). Mit anderen Worten muss so oder so ein inhaltliches Umdenken erfolgen, auch wenn es dabei häufiger nicht für alle Schüler um dieselben Inhalte gehen wird.

Die momentan tatsächlich bestehende Situation lässt sich wie folgt beschreiben: Das eine oder andere Manko ist so nach und nach auch von den Schulbehörden erkannt worden, aber die bisherige Reaktion besteht in inhaltlicher Hinsicht ausschließlich darin, den Schulen (und damit den Lehrern) diese oder jene Aufgabe (z. B. Medienerziehung, Ernährungslehre, Anti-Mobbing-Maßnahmen) einfach zusätzlich abzuverlangen, während gleichzeitig in den *richtigen Fächern* der ohnehin bestehende Druck in Form neuer Notengebungs- und -kontrollverfahren noch verstärkt wird.

Eine grundlegende Entrümpelung der Rahmenpläne zugunsten anderer Lerninhalte ist nicht in Sicht, wohl aber eine immer rücksichtslosere Beschneidung der musischen Fächer. Fazit: Trotz Erkenntnis eines Veränderungsbedarfs reagieren die Schulbehörden nicht in einer problemlösenden, sondern in einer problemverschärfenden Art, die für alle Schüler auf eine schlechte Lebensvorbereitung hinausläuft, aber insbesondere zu Lasten des integrativen Anliegens geht.

2. Zielbestimmungen

Mit der Wahl des Begriffes *Zielbestimmungen* soll angedeutet werden, dass es im Bereich der Instandsetzungspädagogik oftmals um außerstoffliche Ziele geht, die sich nicht aus der Erschließung eines Unterrichtsthemas ergeben und dementsprechend einer gesonderten Bestimmung bedürfen.

Damit ist gleichzeitig gesagt, dass das hier propagierte Denken vom Schicksal des Kindes aus den stellvertretenden Charakter pädagogischen Einwirkens keinesfalls aufhebt. Die Besonderheit der Instandsetzungspädagogik besteht vielmehr darin, dass hier eine (nachteilsausgleichende) Notwendigkeit gesehen wird, erst einmal viele lernvoraussetzende Ziele ansteuern zu müssen.

Dabei geht es, wie bereits im Kapitel *Lernzugangspädagogik* dargestellt worden ist, im Kern darum, für eine Wiederherstellung der Lernfreude *(Lernen wollen lernen)* zu sorgen. Trotz seiner fundamentalen Bedeutung reicht dieser Schritt allerdings nicht aus, wenn – wie es bei den lernentwöhnten Kindern fast immer der Fall ist – auch noch viele andere Lernvoraussetzungen fehlen. Anders ausgedrückt: *Lernen wollen* und *lernen können* hängen zwar eng miteinander zusammen, aber ein alleiniges Wollen sichert noch keine Lernerfolge. Deshalb bedarf es zusätzlicher Unterstützungen, die ich zusammenfassend als *Befähigung zum Können* bezeichnen möchte.

Dazu gehört meines Erachtens eine (möglichst weitgehende) Stabilisierung der zuvor massiv beeinträchtigten Entwicklung der kindlichen Persönlichkeit. Auch wenn diese ganz besondere Entwicklungshilfe keine Wunder bewirken kann (wie z. B. die Wiederherstellung eines Urvertrauens), so lassen sich doch Ziele wie die Herausbildung eines Selbstvertrauens bzw. -bewusstseins ins Auge fassen.

Im Hinblick auf die letztendlich angestrebte Integration ist natürlich auch die Herausbildung einer Gemeinschaftsfähigkeit von zentraler Bedeutung, wobei diese aus der Sicht der von gemeinschaftsstörenden Aktivitäten Betroffenen sogar an erster Stelle stehen dürfte. Tatsächlich sind die hier genannten Stationen (Ich-Stärkung, Lern- und Gemeinschaftsfähigkeit, Integration) so miteinander verwoben, dass sie eher einen Kreis als eine lineare Abfolge bilden:

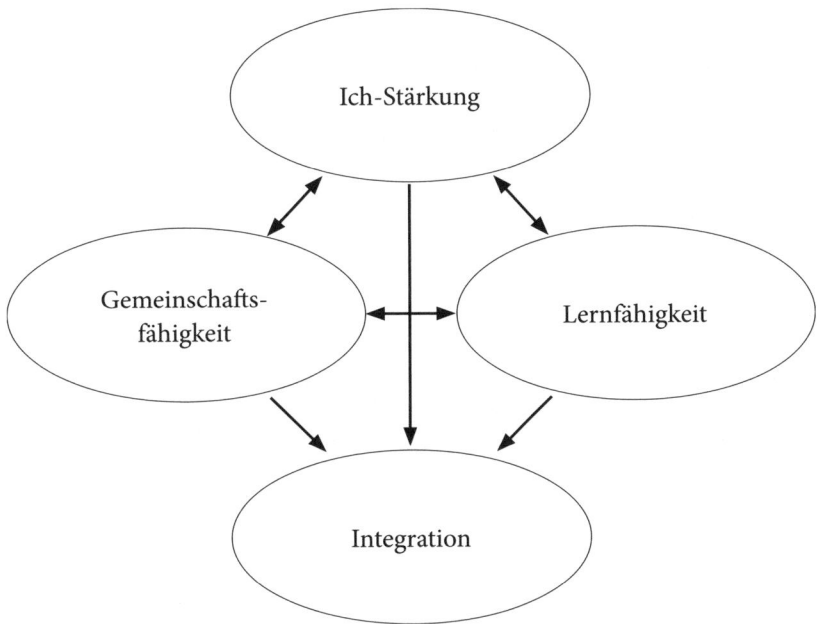

Abb. 2: Zielbestimmungen der Instandsetzungspädagogik unter besonderer Berücksichtigung der gegenseitigen Einwirkungsmöglichkeiten im Verlauf des Integrationsprozesses

In Analogie zur allgemeinen Pädagogik lassen sich die in Abb. 2 dargestellten Ziele als Grobziele bezeichnen, die wiederum in zwei große Bereiche aufgeteilt werden können: persönlichkeitsorientierte Ziele und leistungsorientierte Ziele. Schon jetzt sei darauf hingewiesen, dass – im Gegensatz zum üblichen Verständnis – die sogenannten leistungsorientierten Ziele mehrheitlich als leistungsvorbereitende Ziele aufzufassen sind.

Alle persönlichkeitsorientierten Ziele sollen auf ihre jeweilige Art dazu beitragen, das Ich des Kindes zu stärken, wobei es darauf ankommt, die Gewichtung der unterschiedlichen Aspekte auf das einzelne Kind abzustimmen. Grundsätzlich kommen folgende Bereiche infrage:

a) Entwicklung selbststabilisierender Eigenschaften (Selbstvertrauen, Selbst-
    bewusstsein, Selbstachtung bzw. Selbstwertgefühl)
b) Entwicklung empathischer Fähigkeiten (Mitleiden, richtiges Deuten von
    Gestik und Mimik, Perspektivenwechsel)
c) Entwicklung neuer Handlungsmuster (Frustrationstoleranz, Verzicht auf
    Mobbing und andere Aggressionsformen, allgemein: Selbstbeherrschung)
d) Übernahme von Eigenverantwortung (Materialien, Hygiene, allgemein:
    Selbstständigkeit)
e) Übernahme von Fremdverantwortung (Einhaltung von (Benimm-)
    Regeln, *Sekundärtugenden,* allgemein: Teamfähigkeit)

Viele der genannten Ziele finden sich in den zu erneuten Ehren gekommenen *Kopfnoten* wieder. Übereinstimmende Beispiele: Zuverlässigkeit, Sorgfalt
(siehe Sekundärtugenden), Sozialverhalten, Selbstständigkeit, Verantwor-
tungsbereitschaft sowie Kooperations- bzw. Teamfähigkeit. Das Perfide daran
ist, dass die genannten Ziele so gut wie nie explizit eingeübt werden.

Für die benachteiligten Schüler ergibt sich daraus ein doppelter Nachteil:
Die erwünschten Eigenschaften sind ihnen mehr oder weniger fremd und
ohne nachholende Aneignung lässt sich daran nicht viel ändern. Dessen
ungeachtet können die entsprechenden Kopfnoten auch auf ihren Zeugnis-
sen erscheinen, was immer dann besonders schlimm ist, wenn es sich um die
beiden letzten Schulzeugnisse handelt. Selbst dann, wenn die diesbezügliche
Benotung nur ein bisschen schlecht ist, hat der davon betroffene Jugendliche
beinahe jede Aussicht auf eine berufliche Integration verloren.

Mit der Leistungsbereitschaft, die häufig gleich als erste Kopfnote in
Erscheinung tritt, verhält es sich ganz ähnlich. Dabei lässt sich gerade an
diesem Beispiel demonstrieren, dass ein beklagter Mangel manchmal nur auf
die Schule bezogen ist. Tatsächlich kann sich schnell ein anderes Bild ergeben,
wenn man schuldistanzierte Kinder dabei beobachtet, mit welchem Eifer sie bei
der Installation und Erschließung neuer Handy-Funktionen zu Werke gehen.

Schließlich: Welcher Maßstab kann/soll bei der Beurteilung von Leistungsbereitschaft angelegt werden? Ziemlich ungerecht wäre ein Vergleich mit
den besser ausgestatteten Mitschülern. Ein verhaltensgestörter Schüler, dem
es nach vielen Anläufen gelungen ist, eine (Spiel-)Regel einzuhalten, hat im
Hinblick auf das bei ihm nur rudimentär vorhandene Startkapital eine enorme
Leistung vollbracht, auch wenn diese weder dem klassischen Leistungssektor
zugerechnet wird noch einem Vergleich mit den diesbezüglichen Leistungs-
kapazitäten der Mitschüler standhalten kann.

Wie man es dreht und wendet: Leistung ist und bleibt eine relative Größe
und das gilt auch für die sogenannte Leistungsbereitschaft. Auch deshalb ist

der aus der konservativen Ecke immer wieder zu vernehmende Vorwurf, ein gefühlsbetonter Umgang mit den Schülern sei per se leistungsfeindlich, ebenso unhaltbar wie unsinnig. Wer einen solchen Vorwurf erhebt, verkennt (ob nun absichtlich oder nicht) vollständig, dass die Hereinnahme anderer Zugangsebenen (z. B. Berücksichtigung emotionaler Bedürfnisse) zu einer Verbesserung der Lernerfolge führt. Und – um es noch einmal zu sagen – das gilt nicht nur für die als förderbedürftig anerkannten Schüler!

Zusammenfassend kann festgestellt werden, dass es auch in der Instandsetzungspädagogik schlussendlich immer um Leistungserbringung bzw. Leistungsverbesserung geht. Im Gegensatz zur herkömmlichen Pädagogik liegt aber ein erweitertes Leistungsverständnis vor, d. h. die zusätzliche Anerkennung der nichtkognitiven und/oder nichtstofflichen Fortschritte als Leistung. Da sich Instandsetzungspädagogik dem Ziel der (nach-)schulischen Integration verpflichtet fühlt, kommt als weiteres Element die Forderung nach einer beiderseitigen Leistungserbringung (benachteiligte Schüler – Mitschüler bzw. benachteiligte Schüler – Gesellschaft) hinzu.

Das dritte Unterscheidungsmerkmal ergibt sich aus einem anderen Verständnis der individuellen Ausgangslage eines Kindes. In dem hier vorliegenden Verständnis stellt das Kind als solches den Hauptbezugspunkt dar, wodurch es zur Hereinnahme einer Dimension kommt, für die sich die Schule bis heute nicht sonderlich zuständig fühlt: Wie viel Liebe und Zuneigung hat das Kind bislang erfahren? Konnte das Kind ein (Ur-)Vertrauen entwickeln? Wird das Kind seelisch und/oder körperlich gefoltert? Von welchen (Verlust-)Ängsten wird das Kind beherrscht? Ist das Kind (noch) bindungsfähig?

Nach den relativ zahlreichen Bemerkungen zu den Übereinstimmungen und Unterschieden des Leistungsverständnisses wird es Zeit für eine etwas ausführlichere Darstellung der im Hinblick auf eine bessere Bewältigung der stofflichen Ziele vorab zu erreichenden leistungsorientierten Ziele. Im Gegensatz zu den persönlichkeitsorientierten Zielen kommen hier insgesamt nur vier Bereiche infrage, die aber trotzdem sehr viel Zeit in Anspruch nehmen können:

a) Stärkung des Konzentrationsvermögens (Ertragen von Stille und zeitweiliger Bewegungslosigkeit, Verbesserung der Beobachtungs- und Unterscheidungsfähigkeiten, Entdecken und Herstellen logischer Beziehungen)

b) Aneignung von Ablage- und Sortiertechniken (Zuordnung der jeweils benötigten Materialien auf der Grundlage von Stundenplänen und Einpacklisten, Einsatz von Beschriftungsgeräten, Benutzung von Inhaltsverzeichnissen und Registern)

c) Verbesserung des Arbeitsverhaltens (Beendigung angefangener Aufgaben, Bemühen um übersichtliche Gestaltung, Einhaltung von Fristen)

d) Erleben von Lernerfolgen (Bewältigung von Lerninhalten mit persön-
   lichem Bezug, Kennenlernen eigener Zugangsmöglichkeiten, inhaltliche
   und methodische Vorschlagsrechte)

Der Begriff *Disziplin* findet sich weder in der persönlichkeitsorientierten noch
in der leistungsorientierten Aufzählung, da dieses Ziel trotz seiner Bedeut-
samkeit nur in Verbindung mit konkreten Vorhaben angestrebt werden kann.
Außerdem ist die in beiden Fällen immer noch sehr grobmaschige Zielstruk-
tur nicht zu übersehen. Aber wie sollte es auch anders sein, wenn man die
Individualität eines jeden Kindes in Betracht zieht? Unter dieser Prämisse
muss die Feinabstimmung immer vor Ort stattfinden.

Dabei hängt die erforderliche Feinabstimmung nicht zuletzt vom Faktor
Zeit ab. In den eher seltenen (nicht so schwerwiegenden) Fällen mag es auf
dem einen oder anderen Gebiet ganz flott vorangehen, aber in der Regel
ist mit relativ langen Zeiträumen zu rechnen. Aus diesem Umstand ergibt
sich eine weitere starke Gefährdung des Integrationsanliegens: Von einigen
Ausnahmen abgesehen (jahrgangsübergreifende Projekte und Wahlmöglich-
keit zwischen einem acht- oder neunjährigen Weg zum Abitur), sind unsere
Schulen nur in einem sehr begrenzten Umfang auf die Berücksichtigung
individueller Lerntempi eingestellt. Das gilt erst recht für die benachteiligten
Schüler, die allein schon für das ausgleichende Vorbereitungslernen sehr
viel Zeit benötigen. Und wenn sie dann endlich so weit sind, dass sie als
lernbereit, gemeinschaftstauglich und mit einem Basiswissen ausgestattet
gelten können, ist der Zug der Gleichaltrigen schon längst über alle Berge
entschwunden.

Unter günstigen Bedingungen kann die schulische Integration trotzdem
gut funktionieren, aber anders sieht es bei der nachschulischen Integration
aus, weil dann noch die Benotungspraxis zum Tragen kommt. Die *Zurück-
gebliebenen* erhalten entweder sehr spezielle oder ziemlich schlechte Noten,
sodass sie in jedem Fall als Schulversager kenntlich gemacht werden. Da
diese Etikettierung bis zum Ende der Schulzeit (ggf. einschließlich der schon
besprochenen Kopfnoten) durchgehalten wird, kann man sich leicht aus-
rechnen, wie es um die Erfolgsaussichten der nachschulischen Integration
bestellt ist.

Es gibt allerdings auch Arbeitgeber, die nicht in erster Linie an Zeugnisno-
ten interessiert sind. Dies gilt vor allem für den Bereich der Anlerntätigkeiten,
wie ich Ende 2003 anlässlich einer von mir im Berliner Raum durchgeführten
Arbeitgeberumfrage feststellen konnte.

Auf der Grundlage einer aus 22 Unterpunkten bestehenden Liste sollten die befragten Arbeitgeber Auskunft darüber geben, auf welche Kennt-

nisse, Fähigkeiten und Eigenschaften sie bei der Einstellung bzw. Auswahl potenzieller Bewerber besonderen Wert legen. Diese (allerdings nicht repräsentative) Umfrage ergab eine sehr deutliche Bevorzugung charakterlicher Eigenschaften, da die mit Abstand am häufigsten genannten und mit einer besonderen Gewichtung versehenen Kategorien Zuverlässigkeit, Pünktlichkeit und Ehrlichkeit waren.

Im Rahmen der zusätzlich erbetenen Kommentare dürfte ein Handwerksmeister die Meinung vieler auf den Punkt gebracht haben: »Willig (doppelt unterstrichen!) müssen die Probanden sein – alles andere findet sich!« Doch was nutzt diese Einstellung, wenn die lernentwöhnten Schüler nicht wollen können, weil sie im Laufe ihrer Schulzeit zu selten Gelegenheit erhalten haben, sich diese verloren gegangene Fähigkeit noch einmal anzueignen.

3. Gestaltungsgrundsätze

Vieles von dem, was sich im Laufe meiner Arbeit mit den Integrationsschülern als interventionsgeeignet herausgestellt hat, beruht auf zufällig zustande gekommenen Erfahrungen und Erkenntnissen. Ungeachtet der chaotischen Entstehungsgeschichte soll die Darstellung der *Gestaltungsgrundsätze,* die sich auf die Entwicklung eigener Ideen und/oder Materialien beziehen, etwas geordneter verlaufen, indem diese so gut wie möglich der Systematik des nachfolgenden Kapitels *(Projektbereiche)* angepasst wird. Doch zuallererst möchte ich auf die Anfänge meiner Tätigkeit als Integrationslehrerin zu sprechen kommen, wobei ich in Kauf nehme, dass es dabei nicht nur um Gestaltungsgrundsätze gehen wird.

Wenn ich mich richtig erinnere, stand damals lediglich fest, dass immer mehr Schüler, die nach entsprechenden diagnostischen Befunden üblicherweise in eine Sonderschule überwiesen worden wären, in den Regelschulen verbleiben sollten. In Berlin galt das in besonderem Maße für die sogenannten *verhaltensgestörten* Schüler, da es für sie wegen der Abschaffung der darauf spezialisierten Sonderschulen ohnehin keinen als geeignet empfundenen Platz gab. Jedenfalls war man in der vorintegrativen Zeit immer heilfroh, wenn neben der Verhaltensstörung noch ein anderer (schulisch abzudeckender) Bedarf diagnostiziert werden konnte.

In der Praxis zeigte sich allerdings sehr schnell, dass die neu hinzugekommene Integrationsperspektive keine wirkliche Lösung des Problems darstellte. Viele der darauf nur schlecht oder gar nicht vorbereiteten Regelschullehrer wehrten sich mit Händen und Füßen gegen einen Verbleib der (zu Recht) als enorm belastend empfundenen Schüler. Und wenn in Einzelfällen dann doch Zustimmung signalisiert wurde, dann meistens nur deshalb, weil die

Integrationsklassen kleiner waren und wenigstens stundenweise ein Anspruch auf eine zusätzliche Lehrkraft bestand.

Sehr ungünstig wirkte sich auch die Tatsache aus, dass Integrationslehrer immer wieder zu Vertretungsstunden abkommandiert worden sind. Daraus ergaben sich völlig unnötige Zeitverluste beim Aufbau eines Vertrauensverhältnisses zu dem Integrationsschüler.

Die Kritik an den Vertretungsstunden darf aber nicht so verstanden werden, als ob Integrationslehrer grundsätzlich auf die Durchführung eines Klassenunterrichts verzichten sollten. Ganz im Gegenteil kann sich ein solcher Rollentausch als zukünftiger Stützpfeiler erweisen (z. B. hinsichtlich der Entwicklung eines allseitigen Zusammengehörigkeitsgefühls), wenn zuvor eine zeitliche und inhaltliche Abstimmung stattgefunden hat.

In der Anfangszeit bewegten sich derartige Absprachen in einem sehr diffusen Raum, da alle Verantwortlichen nicht so recht wussten, worauf die Integration eigentlich hinauslaufen sollte. In dieser Not verständigte man sich meistens auf eine Art Nachhilfeunterricht, d. h. auf den Versuch, den Förderunterricht für eine Verringerung der kognitiven Leistungsdefizite zu nutzen. Das war auch mein Einstieg in die Integrationsarbeit.

Mit den mir zur Verfügung gestellten Materialien kam ich allerdings nicht wie gewünscht weiter. Als besonders ungeeignet erwiesen sich die Schulbücher, die für die Integrationsschüler immer viel zu umfangreich waren und schon allein deshalb demotivierend wirkten. Hinzu kam, dass die dort vorgesehenen Wiederholungs- bzw. Vertiefungsmöglichkeiten zu einer wirklichen Aneignung des Sachverhaltes nie ausreichten.

Die alternativ angebotenen Arbeitsblätter gefielen mir auch nicht besonders, da sie meistens wie aus dem Zusammenhang gerissen wirkten und/oder nicht den Eindruck einer sorgfältigen Bearbeitung vermittelten. Konkret: Oft handelte es sich um Seiten aus vielfach benutzten Übungssammlungen, die schief oder unscharf kopiert worden waren und so gut wie nie eine Kennzeichnung enthielten, die den Schülern eine eigenständige Zuordnung zu den entsprechenden Fachordnern oder -mappen ermöglicht hätte. Deshalb kam es immer wieder vor, dass selbst vollständig ausgefüllte Arbeitsblätter einfach weggeworfen oder irgendwo dazugestopft wurden.

Meiner Erfahrung nach wird bis heute zu wenig Wert auf die Bewältigung von Zuordnungsproblemen gelegt. Viele Schüler habe nie eine umfassende Unterweisung in ein auf Zusammenhänge bedachtes Ablagesystem erhalten und müssen sich zudem mit formlosen Rucksäcken oder Plastiktüten abplagen, die einen sorgfältigen Umgang mit Unterlagen gar nicht erst zulassen.

Um den genannten Problemen entgegenzuwirken, habe ich den Schülern zunächst fest kartonierte Heftboxen besorgt und bin dann dazu übergegangen, eigene Arbeitsblätter zu konzipieren. Dabei handelte es sich zumeist um Aufgabensammlungen, die ich aus unzähligen Vorlagen Thema für Thema zusammengestellt habe.

Dabei war mir von Anfang an wichtig, den Schülern einen Standardumfang von fünf Seiten pro Thema anzubieten. So konnte einerseits (meistens) ausreichend geübt und andererseits das Gefühl vermittelt werden, es mit einem absehbaren Ende zu tun zu haben.

Zu meiner eigenen Überraschung zeigten sich die Schüler mehrheitlich schnell bereit, fertige Arbeitsblätter *ordentlich* abzuheften. Das Interesse wurde sogar noch größer, als ich mit der Einführung getippter Inhaltsverzeichnisse begann, die den Schülern die Möglichkeit boten, den zu einem Arbeitsblatt gehörenden Titel im Inhaltsverzeichnis mit einem Rotstift (Lehrerfarbe!) abzuhaken, sobald die Aufgaben fehlerfrei erledigt worden waren.

Außerdem wussten die Schüler, dass jedes 5-er-Set so individuell wie möglich zusammengestellt worden war. Dabei musste ich allerdings nicht immer bei Null anfangen, sondern konnte aus dem nach und nach anwachsenden Fundus schöpfen, der (zumindest bei den häufig vorkommenden Themen) eine Vielzahl an Kombinationsmöglichkeiten bot.

Besonders beliebt waren die kleinen Zeichnungen, mit denen ich fast jedes Arbeitsblatt verziert habe. Über alle Altersstufen hinweg wurden diese – von einigen Ausnahmen abgesehen – mit großer Hingabe ausgemalt und eigneten sich deshalb hervorragend als Pausenfüller, wenn es galt, Erschöpfungs- und/ oder Demotivationsphasen zu überbrücken.

Da mir ein eigenes zeichnerisches Talent abgeht, war ich gezwungen, auch in diesem Bereich eine Sammlung anzulegen, die in den nachfolgenden Jahren mithilfe des Computers relativ schnell vergrößert werden konnte. Aber selbst auf diesem Weg fand sich nicht immer ein inhaltlich passendes Motiv, was allerdings nur höchst selten von den Schülern beanstandet wurde.

Wie man sich denken kann, waren die zu erledigenden Aufgaben nicht annähernd so beliebt wie die Zeichnungen. Dementsprechend kam es den Schülern mehr auf Quantität als auf Qualität an: Jedes lückenlos ausgefüllte Arbeitsblatt galt als erledigt, auch wenn es vor Fehlern nur so strotzte und/ oder unbeschreiblich aussah.

Um als gutes Vorbild auftreten zu können, bin ich auf die Idee gekommen, jedes neu konzipierte Arbeitsblatt gleich zweimal zu kopieren und das eine Exemplar in der von mir erwünschten Form selbst auszufüllen. Dabei stellte sich schnell heraus, dass die so entstandenen Vorlagen nicht nur als wegweisende Beispiele und/oder allgemeine Motivationsverstärker, sondern auch als Unterlagen für die Durchführung von Selbstkontrollen geeignet waren.

Aus eigener Erfahrung weiß ich, dass sich ein solches Modell auch auf ganze Klassen übertragen lässt und dort ebenfalls zu einer deutlichen Verbesserung der Arbeitshaltung bzw. -qualität führen kann. Allerdings setzt der damit verbundene Arbeitsaufwand Rahmenbedingungen voraus, die in unserem jetzigen Schulsystem üblicherweise nicht gegeben sind.

Unabhängig von der Zahl der Schüler ist vor allem dann nicht mit schnellen Erfolgen zu rechnen, wenn schludrige Arbeitsweisen schon zu einer festen Gewohnheit geworden sind. Damit in solchen Fällen Arbeitsblätter nicht ständig neu ausgefüllt (bzw. kopiert) werden müssen, empfiehlt es sich, auch älteren Schülern die Benutzung eines (weichen) Bleistiftes zu gestatten.

Zum Abschluss der Vorbemerkungen soll auf ein weiteres Problem im Zusammenhang mit den Arbeitsblättern aufmerksam gemacht werden: Viel zu oft sind Arbeitsblätter auf das Ausfüllen von Lücken angelegt, sodass das Notieren ganzer Aufgaben oder Sätze nicht immer ausreichend praktiziert wird. Für Schüler, die ohnehin nur schwer in Zusammenhängen denken können, ist dieses Vorgehen ziemlich kontraproduktiv.

Für die nachfolgende Darstellung der projektorientierten Gestaltungsmerkmale gilt, dass deren unterschiedliche Ausführlichkeit nicht als Indiz einer unterschiedlichen Bedeutung der Projektbereiche angesehen werden darf. Bezüglich der schriftlichen Varianten sind die der Eigenkontrolle zuzuordnenden Gestaltungsgrundsätze schnell aufgezählt: Kontrollbögen müssen knapp gefasst, leicht verständlich und (vor allem zeitlich) gut anwendbar sein. Ob die zum Ausfüllen benutzte Symbolik aus Häkchen, Schulnoten, Plus-/ Minuszeichen oder unterschiedlichen Farben besteht, hängt nicht zuletzt von den Vorlieben und/oder Kapazitäten der Schüler ab.

Mit dem als *Rollenwechsel* bezeichneten Projektbereich ist ganz überwiegend das Hineinschlüpfen in Theaterrollen gemeint. Die Bevorzugung dieses Segments geht auf insgesamt nicht so positive Erfahrungen mit dem Rollenwechsel im Sinne eines Rollentausches zurück, wobei sich insbesondere das Vertauschen von Täter- und Opferrollen als eher ungeeignet erwiesen hat. Unabhängig von ihren kognitiven Kapazitäten können vor allem verhaltensgestörte Schüler nur schwer von der eigenen Person abstrahieren, wenn es für sie um so fundamentale Dinge wie Überlegenheit und/oder Ehre geht. Vor diesem Hintergrund empfiehlt sich – wenn auf die Durchführung entsprechender Übungen nicht ganz verzichtet werden soll – ein Ausweichen auf harmlosere Konstellationen (z. B. Lehrer-Schüler oder Mieter-Vermieter).

Einen Wechsel der Perspektiven im wortwörtlichen Sinne ermöglicht das darstellende Spiel immer dann, wenn die Rolle (z. B. Kleinkind oder -tier) die Einnahme einer Zwergenposition verlangt. Die Betrachtung von Gegenständen aus ungewohnten Blickwinkeln ergibt fast immer die Entdeckung neuartiger Details. Wegen der damit einhergehenden Verrenkungen der Darsteller können – wie bereits im Kapitel *Ausgangspositionen* erwähnt worden ist – diesbezügliche Übungen nur selten im Klassenzimmer durchgeführt werden. Eine Beteiligung der Mitschüler ist aber nicht grundsätzlich ausgeschlossen, da man die Neuentdeckungen schließlich auch fotografieren und anschließend der Klasse (z. B. in Form eines Ratespiels) präsentieren kann.

Dem Bereich der Rollenspiele werden auch die Hörspiele zugerechnet, bei denen es sich entweder um eine eigenständige Kunstform oder um eine besondere Art der Vorbereitung auf eine Bühneninszenierung handeln kann. Für die Herstellung persönlicher Bezüge eignen sich Hörspiele und Theaterstücke gleichermaßen, wenn die Texte von den Schülern selbst verfasst und mit Hinweisen auf aktuell erlebte (Krisen-)Situationen (Stichwort Pubertät) versehen worden sind.

Für die Bewegungsspiele gilt, dass diese umso erfolgreicher verlaufen, je stärker auf eine inhaltliche Einbettung geachtet wird. Dabei ist es ziemlich egal, ob man sich literarischer Vorgaben oder selbst ausgedachter Geschichten bedient. Bei der Textauswahl kommt es vor allem darauf an, dass der gedankliche Rahmen schülerbezogen und/oder spannend ist.

Im Zusammenhang mit Brettspielen ist die Beachtung des *Einbettungsprinzips* oft nicht möglich, da es in diesem Bereich mehrheitlich um punktuelle Zielsetzungen geht (z. B. Einschleifen gleichartiger Satzmuster und Zuordnung nach übereinstimmenden Merkmalen). Hier gilt es, für eine größtmögliche Attraktivität der Spiele zu sorgen (leicht verständliche Regeln, relativ kurze Spieldauer und gute Erfolgsaussichten).

Die zum Bereich Basiswissen gehörenden Gestaltungsgrundsätze sind bereits in den ersten Abschnitten dieses Kapitels fast vollständig dargestellt worden. Deshalb möchte ich mich an dieser Stelle auf den allgemeinen Hinweis beschränken, dass ich mich bei der Herstellung aller Materialien (Arbeitsblätter, Kontrollbögen, Listen, Brettspiele, Aufbewahrungsschachteln etc.) um größtmögliche Schönheit bemüht habe. Dabei spielten gleich drei Überlegungen eine Rolle:
a) Übernahme einer Vorbildfunktion
b) Vertrautmachen mit ansprechenden Erscheinungsbildern
c) Anregung eigener Gestaltungsversuche

So ganz nebenbei habe ich auf diese Weise auch erreichen können, dass sich die Schüler an die Benutzung eines Lineals gewöhnten. Diese Maßnahme klingt ziemlich banal, stellt aber – bei regelmäßiger Anwendungskontrolle – ein höchst wirksames Strukturierungs- und (Selbst-)Disziplinierungsinstrument dar.

Die weit gefächerten Verhaltenstrainingsprojekte reichen von Verharr-Übungen bis hin zur Decodierung von Körpersignalen. Trotz der großen inhaltlichen Spannbreite gibt es hier kaum von den Schülern zu bearbeitende bzw. zu benutzende Materialien in schriftlicher Form. Dementsprechend geht es bei den diesbezüglichen Gestaltungsgrundsätzen mehr um Selbstverständlichkeiten wie das Herstellen bzw. Abwarten einer ruhigen Atmosphäre.

Eine Art Kontrapunkt bildet der extrem materiallastige Stillbeschäftigungsbereich. Hierfür habe ich sehr viele Themenordner mit jeweils 100 Seiten angelegt. Je 20 Seiten befassen sich mit einem Unterthema, wobei ich darauf geachtet habe, dass sie auch in ihrer internen Reihenfolge einen allmählich ansteigenden Schwierigkeitsgrad repräsentieren.

Die Anlage der ersten Themenordner, die noch auf die Bereiche Lesen, Schreiben, Wahrnehmung und Konzentration beschränkt waren, geht auf die Begleitung der Integrationsschüler durch Mitschüler zurück. Wenn eine gleichzeitige Befassung mit einem Thema nicht möglich war, kamen die Stillbeschäftigungsordner zum Einsatz und zwar mit so großem Erfolg, dass sich sowohl das Themen- als auch das Anwendungsspektrum kontinuierlich erweiterte.

Während ich anfänglich alte Schulbücher, Jugendzeitschriften, Rätselhefte etc. zu diesem Zweck geplündert habe, bin ich nach geraumer Zeit dazu übergegangen, fast nur noch kostenlose Prospekte und Werbezeitschriften nach geeigneten Materialien abzusuchen. Damit wollte ich beweisen, dass sich auch aus *Müll* etwas Brauchbares herstellen lässt. Und nicht nur das: Wenn man sich die Mühe macht, die ausgeschnittenen Artikel und Bilder schwarz zu umranden und auf gelbe Bögen zu kleben, erhält man ein Ergebnis, mit dem viele käufliche Produkte nicht mehr konkurrieren können.

D   Projektbereiche

Mein erster Einstieg in die damals noch namenlose Instandsetzungspädagogik ergab sich aus der Erkenntnis, dass bloße Nachhilfeversuche keine Integration ausmachen und außerdem nur wenig bewirken, wenn nicht zuvor
andere Maßnahmen durchgeführt worden sind. Deshalb begann ich darüber
nachzudenken, wie die den Integrationsschülern fehlenden bzw. verloren
gegangenen Schlüsselqualifikationen stärker bei der Gestaltung des Unterrichts berücksichtigt werden können.

Auf diese Weise sind so nach und nach zahlreiche Projekte mit ganz unterschiedlichen Zielsetzungen entstanden. Da die Entwicklung der Projekte von
den jeweils aktuell anstehenden Erfordernissen abhing, versteht es sich von
selbst, dass diese in der Realität nicht – wie nachfolgend dargestellt – Bereich
für Bereich konzipiert worden sind.

Bei der nachträglichen Strukturierung bin ich – mit Ausnahme der eher
als Prinzip zu verstehenden Beziehungspädagogik – von den eingangs dargestellten Säulen der (jetzt mit einem Namen versehenen) Instandsetzungspädagogik ausgegangen: Gemeinschaftspädagogik, Lernzugangspädagogik
und Beratungspädagogik. Prinzipiell sind jedem der drei pädagogischen
Schwerpunkte je zwei Projektbereiche zugeordnet, die sich allerdings in der
Praxis – wie schon die Entstehungsgeschichte gezeigt hat – immer wieder
überschneiden oder sogar untrennbar miteinander verbunden sind (Beispiel:
Eigenkontrolle/-bewertung und Verhaltenstraining).

1.   Eigenkontrolle/-bewertung

Im Sinne der Gemeinschaftstauglichkeit spielt die Fähigkeit, das eigene Verhalten selbst kontrollieren zu können, eine ganz herausragende Rolle. Dabei
ist Eigenkontrolle/-bewertung in einem doppelten Sinn zu verstehen, da es
dabei sowohl um eine Anbahnung (Selbstbeobachtung) als auch um eine
Aneignung (Selbstbeherrschung) geht.

Ohne unterstützende Maßnahmen könnten vor allem die von ADHS (Auf-
merksamkeitsdefizit-Hyperaktivitäts-Syndrom) betroffenen Schüler dieses

Ziel nicht einmal annähernd erreichen. Ob zum Katalog der unterstützenden Maßnahmen auch Medikamente gehören sollten, ist eine viel diskutierte und nicht eindeutig zu beantwortende Frage. Immerhin gilt als sicher, dass Medikamente wie Ritalin keine Heilung herbeiführen und unter Umständen ein Leben lang eingenommen werden müssen.

Fast immer kann davon ausgegangen werden, dass ADHS-Kinder enorm darunter leiden, oft aus dem Rahmen zu fallen und deswegen nur wenige oder gar keine Freunde zu haben. Das heißt aber auch, dass Eigenkontrollmaßnahmen gerade für diese Kinder ein Stück Hoffnung darstellen.

Die aus anderen Gründen gestörten Schüler interessieren sich mehr für den Autonomie-Aspekt, d. h. für die Möglichkeit, sich selbst beurteilen zu können. Dabei ist – ungeachtet vieler sonstiger Fehleinschätzungen – die auf die eigene Person bezogene Urteilungsfähigkeit erstaunlicherweise oft so gut ausgebildet, dass es nur selten zu Über- oder Unterbewertungen kommt.

Für den Fall, dass es im Rahmen ausführlicher Vorgespräche gelingt, die Mitschüler für eine Beteiligung an derartigen Maßnahmen zu gewinnen, stehen mehrere Umsetzungsmöglichkeiten zur Verfügung. Besonders interessant sind die mit verteilten Rollen operierenden Mischformen, die sich trotz ihrer anspruchsvolleren Handhabung als sehr effektiv erwiesen haben. Ein diesbezügliches Beispiel findet sich in den weiter unten stehenden Ausführungen zur *Bergbesteigung,* bei der es sich um eine dem Titel inhaltlich und formal angepasste Maßnahme handelt.

Für alle Formen der Eigenkontrolle gilt, dass sie sich gut als strukturgebende Routine im Sinne eines sich täglich wiederholenden Unterrichtsabschlusses eignen. Außerdem ist es auf diese Weise möglich, eine der schärferen Formen der Fremdkontrolle (Einträge ins Klassenbuch) zu vermeiden.

Die schlichteste Variante der von mir entworfenen und erprobten Eigenkontrollmaßnahmen ist das *Punktekonto.* Dieses Modell hat sich aus dem Vorlesen des ersten Harry-Potter-Bandes ergeben. Wer die Geschichte des Zauberlehrlings kennt, weiß auch, dass dort immer wieder einmal von Punkteabzügen die Rede ist, die die (nach Häusern aufgeteilten) Schüler als Strafe für das Übertreten von Regeln hinnehmen müssen.

Damit war die Akzeptanz für mein Punktekonto gegeben, dessen Grundstock aus 50 Punkten (halbe Hundertertafel) bestand. Immer dann, wenn ein Verstoß gegen eine der zuvor gemeinsam festgelegten Klassenregeln vorlag, wurde (rechts unten beginnend) dem Verantwortlichen im wahrsten Sinne des Wortes ein Punkt abgeschnitten. Am Ende der Woche erhielten die Schüler so viele Gummibärchen, wie sie an noch verbliebenen Punkten vorweisen konnten.

Das Besondere dieser Interventionsmaßnahme bestand darin, dass das Abschneiden eines Punktes nie ohne vorherige Rücksprache erfolgte. Mit anderen Worten wurde der Regelverstoß erst dann geahndet, wenn der verursachende Schüler sein diesbezügliches Einverständnis erklärt hatte. Die sich daraus ergebende Möglichkeit eines folgenlosen Regelverstoßes stellte schon ein gewisses (Streit-)Risiko dar, aber ich kann bestätigen, dass von der unseriös zu erlangenden Straffreiheit nur selten Gebrauch gemacht wurde.

Inwieweit motivationsverstärkende Wirkungen von den eingesetzten Belohnungen ausgehen, kann ohne wissenschaftliche Begleitung nur geschätzt werden. Angesichts der zumeist bescheidenen Anreize dürften die erhofften Effekte ohnehin nur in Klassen auftreten, die mehrheitlich *nicht* aus gut situierten Schülern bestehen.

Solche Überlegungen führen zu der grundsätzlicheren Frage, ob Belohnungen überhaupt sinnvoll sind. Kritiker dieses Vorgehens weisen darauf hin, dass *Belohnungslernen* eine menschenunwürdige Dressur der Schüler zur Folge hat. Dieser Einwand lässt sich durch den Hinweis entkräften, dass Lernen immer dann besonders gut gelingt, wenn es mit emotionalen Anteilen und/oder klar erkennbaren Vorteilen für den Lernenden verknüpft ist. In diesem Verständnis sind reale Belohnungen ein legitimer Wegbereiter zur Erlangung von Selbst- und/oder Fremdbestätigungen, die wiederum den Kern eines Erfolgserlebnisses ausmachen.

Dem trotz allem nicht völlig von der Hand zu weisenden Dressur-Vorwurf begegnet man am besten zweigleisig: Zum einen durch einen allmählichen Übergang von konkreten zu symbolischen Belohnungen (siehe Kapitel *Gemeinschaftspädagogik*) und zum anderen durch den Einbau autonomer Elemente (siehe oben), die zugleich ein Erziehungsprinzip darstellen.

Inhaltlich schon anspruchsvoller sind alle Verfahren, bei denen in der einen oder anderen Weise das eigene Verhalten ohne Rückgriff auf bestehende Normen (Klassenregeln) bewertend protokolliert werden muss. Je nach Ausgangslage kommen dafür Stunden-, Tages- oder Wochenprotokolle infrage, wobei sich die Wochenprotokolle auch aus einer Zusammenfassung von Tagesprotokollen ergeben können. Die in diesem Bereich am einfachsten zu handhabende Form ist ein Stundenprotokoll, das lediglich drei Auswahlmöglichkeiten bietet:

Mein heutiges Verhalten				
Name:				
Datum	Stunde	ziemlich gut	mittelmäßig	eher schlecht
	Std.			
	Std.			
	Std.			
	Std.			

Abb. 3: Beispiel eines einfachen Stundenkontrollblattes

Die Festlegung der Umgangsmodalitäten ist dann schon wieder Verhandlungssache: Soll eine bestimmten Anzahl an *guten* Einträgen innerhalb eines bestimmten Zeitraums erreicht werden oder wird ein Wegfall der zeitlichen Begrenzung (und damit eine immer gegebene Belohnungsaussicht) bevorzugt?

Wenn diese Protokolle in den außerhalb der Klasse stattfindenden Integrationsstunden geführt werden und somit höchsten ein oder zwei Mitschüler anwesend sind, kann eine schülerinterne Rück- bzw. Absprache durchaus sinnvoll sein (»Was meinst du, wie ich mich heute benommen habe?«). Natürlich gilt das nicht für spannungsgeladene Situationen, in denen das Protokollieren sogar ganz entfallen kann.

Allerdings sollte man schon darauf achten, dass die Anzahl der Lücken sehr begrenzt bleibt, da nur unter der Voraussetzung einer größtmöglichen Regelmäßigkeit das wichtigste Etappenziel (Automatisierung der sich selbst kontrollierenden Eigenbewertung) erreicht werden kann. Ohne diesen Entwicklungsschritt sind alle weiteren Ziele (insbesondere die als höchstes Ziel angestrebte Selbstbeherrschung) von vornherein zum Scheitern verurteilt.

Bei einigermaßen gut entwickelten Schreib- und Lesekapazitäten der Schüler können auch vorformulierte Eigenschaften, die ein wesentlich präziseres Erkennen der Stärken und Schwächen ermöglichen, zur Bestimmung des eigenen Verhaltens eingesetzt werden. Von einer Verbindung mit graduellen Abstufungen ist allerdings abzuraten, weil die Protokollbögen auch bei diesem Ansatz handlich und übersichtlich bleiben müssen. Außerdem geht es in erster Linie immer um eine Selbstbeobachtung und nicht um die Erstellung eines medizinisch-diagnostischen Sets.

Demgegenüber ist die Beibehaltung der als Eckpunkte formulierten Gegensatzpaare durchaus möglich, sodass ein dem folgenden Beispiel vergleichbares Kontrollblatt dabei herauskommen könnte:

Name:											
	Mo	Di	Mi	Do	Fr		Mo	Di	Mi	Do	Fr
freundlich						unfreundlich					
fleißig						faul					
aufmerksam						unkonzentriert					
leise						laut					
geschickt						ungeschickt					
fröhlich						traurig					
ruhig						zappelig					
∑ Tagespunkte						∑ Tagespunkte					
∑ Wochen-punkte						∑ Wochen-punkte					

Abb. 4: Beispiel eines eigenschaftsorientierten Tages- bzw. Wochenkontrollblattes

Als Belohnung kommen in diesem Fall Wochenzertifikate infrage, die dem Schüler attestieren, die nachfolgend angeführten Eigenschaften in der Zeit vom … bis … nach eigener Einschätzung jeweils x-mal gezeigt zu haben. Bedeutend sinnvoller scheinen mir allerdings diesbezügliche Auswertungsgespräche zu sein, wobei sich beide Arten der Begutachtung nicht gegenseitig ausschließen müssen. Besonders wichtig sind die Auswertungsgespräche immer dann, wenn sich ausnahmsweise eine große Diskrepanz zwischen der Eigen- und Fremdwahrnehmung abzeichnet. In solchen Fällen hängt viel – wenn nicht alles – davon ab, ob der Schüler schon selbst in der Lage ist, die voneinander abweichenden Wahrnehmungsinhalte zu erkennen bzw. zu akzeptieren. Unter dieser Voraussetzung wäre der Zeitpunkt gekommen, relativ risikolos gemeinsam mit dem Schüler über die hierfür infrage kommenden Ursachen nachdenken zu können.

Bis dahin empfiehlt es sich, sämtliche Protokolle in einem eigens dafür angelegten Hefter zu sammeln. Auf dieser Grundlage lassen sich immerhin Vergleiche anstellen, die Aufschluss darüber geben, ob die bisherige Entwicklung eher geradlinig (auf- oder absteigend) oder eher wellenförmig verlaufen ist.

Eine Art Zwischenweg kann durch die Bereitschaft des Lehrers, sich selbst beobachten bzw. beurteilen zu lassen, eröffnet werden. Zu diesem Zweck habe ich etliche Fragebögen entworfen, die ich sowohl einzelnen Schülern als auch ganzen Klassen vorgelegt habe. Für den Fall, dass sich Lehrer nicht gern so direkt beurteilen lassen, können auch – wie das nachfolgende Beispiel ausschnittsweise zeigt – situationsbezogene Fragebögen eingesetzt werden:

> Wie sollte ein/e gute/r Lehrer/in deiner Meinung nach reagieren?
> **Situation 1:**
> Stefan kommt 10 Minuten zu spät in den Unterricht.
> a. Der/die Lehrer/in reagiert gar nicht.
> b. Der/die Lehrer/in sagt, dass Stefan die doppelte Zeit nachsitzen muss.
> c. Der/die Lehrer/in fragt Stefan nach dem Grund des Zuspätkommens.
> d. Der/die Lehrer/in schimpft mit Stefan.
>
> …
>
> **Situation 4:**
> Sabine ist zu Hause geschlagen worden.
> a. Der/die Lehrer/in tröstet Sabine.
> b. Der/die Lehrer/in spricht nach dem Unterricht mit Sabine.
> c. Der/die Lehrer/in diskutiert mit der Klasse über Sabines Probleme.
> d. Der/die Lehrer/in gibt Sabine die Telefonnummer des Sorgentelefons für Kinder (…).

Ein anderes – im Kapitel *Beziehungspädagogik* bereits erwähntes – Beispiel für die Bereitschaft des Lehrers, sich selbst infrage zu stellen, zielt auf die den Schülern eingeräumten Interventionsmöglichkeiten ab. Soweit ich mich erinnern kann, ist es dabei fast immer zu einem Rückgriff auf die aus den ersten Schuljahren bekannten Signalkärtchen gekommen. Um nur ein Beispiel zu nennen: Wenn ich nach Meinung der Schüler zu laut gesprochen hatte, bekam ich ein *Pst!-Schildchen* gezeigt.

Auf die von den älteren Schülern bevorzugten Signalworte oder -gesten habe ich selbstverständlich auch im erwünschten Sinne reagiert. Nun mag es Lehrer geben, die bei einem solchen Vorgehen einen Autoritätsverlust befürchten. Tatsächlich galt ich als eher strenge Lehrerin, was vermutlich damit zusammenhing, dass ich unermüdlich – wenn auch nicht selten mit größerer Unterstützung meinerseits – die vollständige Erledigung von Aufgaben eingefordert habe.

Wie auch immer: Meine eigene Bereitschaft, mich ggf. korrigieren zu lassen, hatte zur Folge, dass die meisten der von mir unterrichteten Schüler vergleichbare Hilfsmittel auch für sich akzeptierten. Das galt natürlich in ganz besonderem Maße für diejenigen Schüler, die sehr bewusst unter ihrem Anderssein litten.

Damit komme ich auf die eingangs angekündigte Bergbesteigung zu sprechen, die sich in vielen Fällen als ausgesprochen segensreich erwiesen hat. Bei
dieser Maßnahme handelt es sich erneut um einen für die Schüler entworfenen Selbstkontrollbogen, der sich allerdings durch etliche Besonderheiten
auszeichnet. Die Ursprungsform sah folgendermaßen aus:

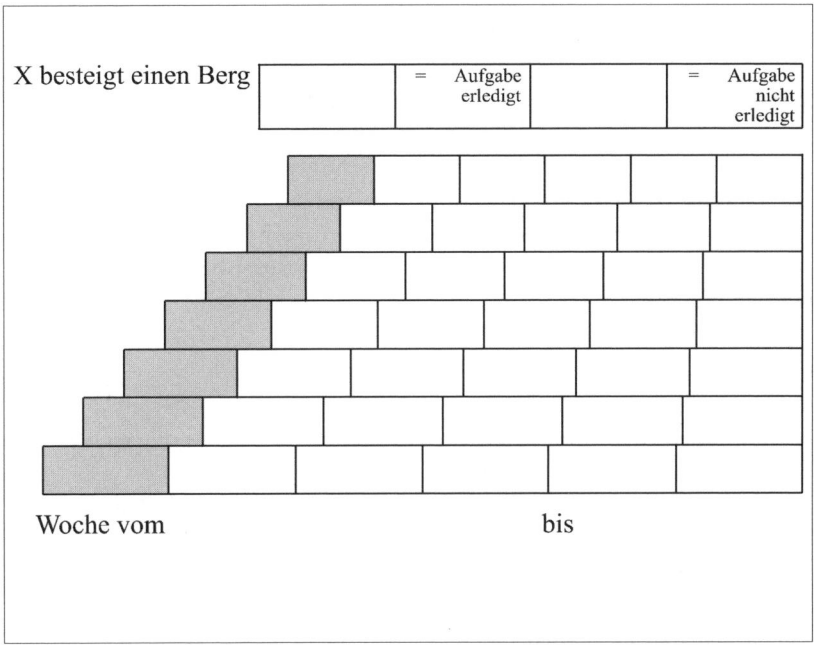

Abb. 5: Grundstruktur eines sehr variabel zu handhabenden Selbstkontrollbogens
(Bergbesteigung)

Um den Titel *X besteigt einen Berg* wenigstens andeutungsweise auch optisch
umsetzen zu können, habe ich die waagerecht liegenden Balken Stück für
Stück verkürzt. Zeichnerisch begabteren Lehrern stehen hierfür sicherlich
noch ganz andere Möglichkeiten zur Verfügung.

Jede waagerechte Unterteilung steht für einen Unterrichtstag, sodass dieser Entwurf schon auf den ersten Blick als Wochenkontrollblatt erkennbar
ist. In die sieben senkrecht ansteigenden grauen Felder werden die zuvor
vereinbarten Aufgaben hineingeschrieben, wobei auf ein möglichst gutes
Mischungsverhältnis hinsichtlich der leichten und schweren Aufgaben geachtet werden sollte.

Dementsprechend könnte ein wöchentlicher Aufgabenkatalog wie folgt
aussehen:

X zerreißt kein Arbeitsblatt.

X erledigt sein Klassenamt.

X sagt wenigstens einmal »Bitte« oder »Danke«.

X bleibt während des Unterrichts im Klassenzimmer.

X redet nicht dazwischen.

X schaltet seinen MP3-Player (oder sein Handy) im Klassenzimmer aus.

X lacht keinen Mitschüler aus.

Wie an den Aufgaben leicht zu erkennen ist, handelt es sich bei diesem Beispiel schon um eine *Klassenversion,* obwohl die Bergbesteigung ursprünglich für Schüler im Einzel- oder Gruppenunterricht konzipiert worden ist. Die gute Übertragbarkeit ergibt sich aus der Tatsache, dass bei einer Ausweitung auf ganze Klassen lediglich die Aufgabenstellungen, die ohnehin einer häufigeren Überarbeitung/Aktualisierung bedürfen, angepasst werden müssen.

Die ansonsten gleichbleibenden Verfahrensschritte sind:

1. Festlegung der Symbolik für *Aufgabe erledigt* bzw. *Aufgabe nicht erledigt.* (In diesem Zusammenhang hat sich gezeigt, dass eine unterschiedliche Farbgebung in aller Regel bevorzugt wird.)
2. Festlegung der zu erreichenden Mindestzahl hinsichtlich der erledigten Aufgaben. (Bei einer Gesamtzahl von 35 Kästchen hat sich eine Festlegung auf 20 Erfolge als Einstiegsmaß gut bewährt.)

Ein zusätzliches Problem bringt die Klassenversion dann aber doch mit sich: Wer übernimmt die Verantwortung für das regelmäßige Ausfüllen und die damit zusammenhängenden Abstimmungsprozesse? Am praktischsten ist es, wenn sich der Klassenlehrer dazu bereit erklärt und in seiner jeweils letzten Stunde in der Klasse die erforderliche Zeit zur Verfügung stellt. Dabei geht es nicht um das (von den Schülern zu erledigende) Ausfüllen der Blätter, sondern darum, eine Art Moderatorenfunktion zu übernehmen, wenn Mitschüler mit einer bestimmten Entscheidung nicht einverstanden sind. Beispiel: X kündigt an, das Tagesfeld für *Nichtauslachen* mit einer *guten* Farbe markieren zu wollen, obwohl die Mitschüler ein solches Verhalten nicht durchgehend bestätigen können.

Erfahrungsgemäß gibt es immer wieder sehr engherzige Schüler, die auch den kleinsten Verstoß geahndet sehen wollen. In solchen Fällen bestünde die Aufgabe des Klassenlehrers darin, die Diskussion im Sinne einer *Güterabwägung* zu strukturieren: Was spricht für die Eigeneinschätzung und/oder Begründung von X?

Wenn sich trotz aller Bemühungen ein Einverständnis nicht herstellen lässt, bleibt für X immer noch die Möglichkeit, sein Tagesfeld zweifarbig (also halb gut und halb schlecht) auszufüllen. (Nur am Rande sei bemerkt, dass einige Schüler allein durch das Zusammenzählen halber Felder einen ersten Einblick in die Bruchrechnung erhalten haben.)

Tägliche Diskussionen stellen nicht zuletzt in zeitlicher Hinsicht eine enorme Belastung dar, weshalb etliche Lehrer gar nicht erst bereit sind, sich darauf einzulassen. Auf der anderen Seite kann die tägliche Auseinandersetzung mit Verhaltensfragen nicht nur für eine stärker werdende Einbindung der Integrationsschüler in die Klassengemeinschaft, sondern auch für eine kontinuierliche Abnahme des diesbezüglichen Zeitaufwandes sorgen.

Das gilt insbesondere dann, wenn die Bergbesteigung als Mischung aus Einzel- und Klassenbeobachtung angeboten wird. In dieser Form trägt das Kontrollblatt den Titel *Die Klasse ... hilft X, einen Berg zu besteigen*. Bei einem relativ großen Unterstützungsbedarf empfiehlt sich eine Aufteilung in vier Klassen- und drei Einzelaufgaben, wie es im nachfolgenden Beispiel der Fall ist:

X hat keine/n Mitschüler/in beleidigt.

X hat darauf geachtet, dass keine Kleidungsstücke auf dem Boden liegen.

X hat seine Federmappe mitgebracht.

In der Klasse ... hat es keine Prügeleien gegeben.

In der Klasse ... sind keine Papierkügelchen durch die Luft geflogen.

In der Klasse ... hat kein/e Schüler/in einem/einer anderen etwas weggenommen.

In der Klasse ... haben sich die meisten Schüler gemeldet.

Zu den im Vorfeld durchzuführenden Überlegungen gehören Fragen wie: Welcher Art und wie umfangreich sind die Probleme der zu integrierenden Schüler? Wie groß und belastbar ist die Klasse und wie versiert ist sie im Umgang mit Verhaltenskontrollen? Wie sieht es mit der Kooperationsbereitschaft der Kollegen aus?

Wenn in den Integrationsklassen sowohl eine Unterstützungsbereitschaft als auch ein gegenseitiges Vertrauensverhältnis gegeben ist, können die nichtbehinderten Schüler im Umfeld der Bergbesteigung auch zu etwas direkteren Hilfsleistungen übergehen. Diese reichen von schlichten Aufforderungen (»Häng' doch mal schnell die Jacke auf!«) bis hin zu mehr oder weniger diskreten Hinweisen auf die möglichen Folgen einer nicht geglückten Bergbesteigung.

Wie man sich nach den bisherigen Ausführungen denken kann, wird unter *Folgen* keine Bestrafung im üblichen Sinn des Wortes, sondern das

Ausbleiben einer Belohnung verstanden. Diese sollte so beschaffen sein, dass sich die Klasse (zumindest mehrheitlich) darauf freut, auch wenn es sich in der Regel dabei nicht um eine geldwerte Anerkennung handelt.

Besonders vorteilhaft ist es, wenn als Belohnung eine Kombination aus Mal- und Vorlesestunden gewünscht wird, weil auf diese Weise auch noch ein sehr hohes Maß an Konzentration erreicht werden kann. Welcher Art die bevorzugten Malübungen sind, ist in diesem Zusammenhang unerheblich. Wichtig ist nur, dass auch bei den Schülern mit geringen Vorleseerfahrungen keine Ungeduld aufkommt.

Um ein so komplexes Vorhaben wie die Bergbesteigung mit Aussicht auf Erfolg verwirklichen zu können, muss von Anfang an eine größtmögliche Transparenz gewährleistet sein. Alle Schüler sollten wissen, welche Gründe und (Etappen-)Ziele bei der Durchführung dieser Maßnahme eine Rolle spielen. Genauso relevant ist eine gute methodische Einführung, die mit der gemeinsamen Betrachtung eines Bergsteigerfilms (Hinweis auf die Größe der Aufgabe und die Bedeutung mannschaftlicher Geschlossenheit) eingeleitet werden könnte.

Eine ganz andere Form von Eigenkontrolle ist möglich, wenn es um die Auswertung von Videofilmen geht, die oftmals im Rahmen simulierter Vorstellungsgespräche aufgenommen werden. Zu diesem Zweck habe ich einen Auswertungsbogen entwickelt, der sich allerdings nicht auf die Gesprächsinhalte, sondern auf die hierbei ebenfalls wichtigen Äußerlichkeiten bezieht: Kleidung, Stimme, Ausdrucksweise, Blick, Mimik, Kopfhaltung, Körperhaltung, Händedruck und Handhaltung. Mit dem zuletzt genannten Punkt waren alle Handbewegungen gemeint, die auf eine bestimmte innere Verfassung schließen ließen.

Für die Begutachtung jeder Kategorie standen jeweils drei Adjektive zur Auswahl, die in etwa für gute, mittelmäßige und schlechte Eindrücke standen. Beispiel Ausdrucksweise: gepflegt/vermischt/ordinär. Abschließend ging es um den Gesamteindruck, für den ebenfalls drei Abstufungen vorgesehen waren.

In der Handhabung bedeuteten die vorstrukturierten Zuordnungsmöglichkeiten eine Erleichterung, die aber ohne eine relativ gründliche Vorbereitung nicht zum Tragen gekommen wäre. Das galt in ganz besonderem Maße für die Entschlüsselung der Adjektive, deren Bedeutung vielen Schülern einfach nicht geläufig war.

An der (selbstverständlich anonymen) Begutachtung mussten sich immer alle Schüler gleichzeitig beteiligen, sodass am Ende jeder nicht nur über seine eigenen Beobachtungen, sondern auch über die aller anderen verfügte. Auf diese Weise war es möglich, die eigenen Eindrücke mit den Fremdeindrücken zu vergleichen, was in manchen Fällen auch in einem positiven Sinne zu ganz neuen Erkenntnissen geführt hat.

Einen ganz speziellen Fragebogen habe ich zur Ermittlung der für die Schüler relevanten Vorbilder entwickelt. Aber auch hier ging es in erster Linie nicht um Informationen für die Hand des Lehrers, sondern um einen von außen kommenden Anstoß, sich mit dieser Frage näher (d. h. im Sinne einer begründeten Auswahl) zu befassen. Der Wert dieser eher indirekten Form von Selbstkontrolle und -bewertung ergibt sich aus der darin liegenden Chance, sich der eigenen Persönlichkeit etwas bewusster zu werden.

Noch weiter entfernt von einer direkten Selbstbeobachtung sind die Checklisten, die ich als Erinnerungshilfen für diejenigen Schüler angefertigt habe, die ihre prinzipiell vorhandenen Schulmaterialien nur selten vollständig mitbrachten. Als besonders zweckmäßig haben sich permanente Materiallisten (Füller, Anspitzer, Lineal etc.) erwiesen, auf deren Rückseiten die aktuellen Stundenpläne vermerkt waren. Auf diese Weise sollten die Schüler dazu angeregt werden, die für den jeweils nächsten Tag benötigten Unterlagen (Hefter, Bücher etc.) gleich im Anschluss an die Materialkontrolle herauszusuchen und einzupacken.

Sinnvoll ist auch eine Anleitung der Schüler zum Gebrauch eines Beschriftungsgerätes, mit dessen Hilfe sowohl zu Hause als auch im Klassenzimmer mehr Ordnung geschaffen werden kann. Das gilt vor allem für die Binnenstrukturierung von Regalen und Schränken, d. h. für die durch die Beschriftung vorgenommene Bestimmung von Ablageflächen. Damit die Wirkung einer solchen Maßnahme nicht folgenlos verpufft, ist es unbedingt erforderlich, für eine Einhaltung der neu geschaffenen Ordnung zu sorgen.

Außenstehende mögen derartige Unterstützungsversuche für banal bzw. überflüssig halten und auch in den Schulen wird diese primitive Ebene nur selten kontinuierlich beachtet. Darin liegt meines Erachtens ein schweres Versäumnis, denn – um es bildlich auszudrücken – wie soll ein solides Haus gebaut werden, wenn schon der Keller einsturzgefährdet ist?

2. Rollenwechsel

Wahrscheinlich hat es schon immer Menschen gegeben, die gern in die Rolle anderer Menschen und/oder übernatürlicher Wesen geschlüpft sind. In der Anfangszeit dürfte allerdings nicht die Freude am Spiel im (erkennbaren) Vordergrund gestanden haben, sondern der jeweils damit verfolgte Zweck (Heilung, Regen, Kriegsglück etc.).

Später kamen Belehrungs- und/oder Aufklärungsabsichten hinzu, aber auch der Wunsch, das Publikum einfach nur unterhalten zu wollen, gewann an Bedeutung. Eine andere Frage ist, ob sich mit den Zwecken auch die Motive gewandelt haben, die den so menschlichen Drang nach (zeitweiliger) Verkörperung anderer Identitäten verständlich machen.

Meines Erachtens ist das – vielleicht mit Ausnahme der seltener gewordenen religiösen Motive – nicht der Fall, da von den aus dem Spiel resultierenden Möglichkeiten eine gleich gebliebene Anziehungskraft ausgehen dürfte: risikoloses Erproben ungewohnter und/oder *unschicklicher* Verhaltensweisen, wonnevolles Eintauchen in glanzvolle (Schein-)Welten oder auch nur das zeitweilige Abstreifen alltäglicher Sorgen.

In professioneller Hinsicht können allerdings noch weitaus egoistischere bzw. profanere Beweggründe hinzukommen. Am bekanntesten ist der Wunsch nach einem mit viel Geld verbundenen schnellen Ruhm. Davon beeinflusst sind nicht zuletzt die aus unterschiedlichen Gründen stark benachteiligten Schüler.

Trotzdem verfügen sie zumeist noch über so viel unverstellte Spielfreude, dass sich diese auch in einem integrations(be-)fördernden Sinne nutzen lässt. Erleichternd kommt hinzu, dass ausgerechnet die in der Schule scheiternden Kinder oftmals begnadete Schauspieler sind. Damit verfügen sie über eine Gabe, mit der sie relativ mühelos glänzen und sich Respekt verschaffen können (siehe entsprechende Ausführungen im Kapitel *Gemeinschaftspädagogik*).

Die am deutlichsten als solche zu erkennende verhaltensmodifizierende Maßnahme ist der auf vorgefallene Situationen bezogene Rollentausch. Dieses Mittel habe ich (vor allem in der Täter-Opfer-Variante) nur ganz selten eingesetzt, da sich der Erfolg – mit Ausnahme nicht öffentlicher pantomimischer Darstellungen – immer sehr in Grenzen hielt und manchmal sogar mehr Probleme verursachte als beseitigte. Deshalb plädiere ich dafür, einen Rollentausch im zuvor genannten Sinne nur dann zu inszenieren, wenn erfahrene (Schul-)Psychologen anwesend sind.

Stattdessen sollte viel mehr auf die gemeinsame Freude bei der Erarbeitung und Erprobung eines Stückes gesetzt werden. Jedenfalls gibt es kaum bessere Gelegenheiten, *Integration pur* (d. h. gleichberechtigte Gestaltung und Teilhabe) erleben zu können. In einem unterstützenden Sinne hilfreich ist die von einem Theaterstück ausgehende disziplinierende Wirkung: Allen Beteiligten ist schnell klar, dass das Vorhaben nur dann gelingen kann, wenn keiner aus der Rolle fällt.

Ganz allgemein gilt, dass die Zeit der Projektvorbereitung hinsichtlich der erhofften integrativen Erfolgserlebnisse besonders chancenreich ist. Zum einen dauert die Vorbereitungsphase wesentlich länger als die Aufführungsphase und zum anderen können die vorher zu erledigenden Aufgaben sehr vielfältig sein.

Damit meine ich nicht nur die aus der Theaterpädagogik bekannten Atem-, Sprech-, Bewegungs-, Entspannungs- und Spielübungen, sondern auch das ganze Drumherum wie z. B. Kulissenbau (Auswahl, Beschaffung und Gestaltung der Materialien) oder Kostümausstattung (Sammeln, Verzieren, Ändern). Noch spezifischere Vorbereitungen sind erforderlich, wenn es um andere Aufführungsarten geht (Marionetten-, Puppen- und Fingerpuppentheater).

Da fast immer auch Geräusche und/oder musikalische Einlagen eine Rolle spielen, können Schüler, die Probleme mit dem Auswendiglernen haben, beispielsweise als Tontechniker eingesetzt werden. Hier bieten sich vorbereitende Übungen an, die auf die Produktion eines kleinen Hörspiels hinauslaufen.

Am einfachsten zu bewältigen sind Kurztexte, bei denen die begleitenden Geräusche hauptsächlich aus der Imitation von Tierstimmen bestehen. Im Zusammenhang mit den schon anspruchsvolleren Geräuschgeschichten lohnt sich das Ausprobieren bzw. Sammeln von Klangbeispielen:

Geräuschart	Umsetzungsbeispiele
Donner	Billardkugeln auf einen Tisch fallen lassen
Regen/Hagel	leichtes, aber nicht rhythmisches Händeklatschen mehrerer Personen/Kieselsteine oder Erbsen auf ein Backblech prasseln lassen
Sturm	tonloses Pfeifen oder Pusten in eine leere Flasche
raschelnde Blätter	Backpapier o. Ä. zerknüllen
knisterndes Feuer	Zellophanbeutel zerknüllen
trappelnde Pferde	abwechselndes Anschlagen des Tischrandes mit Bleistiften
klirrende Scheiben	Xylofonteile (aus Metall) auf einen Haufen werfen
gluckernder Bach	Wasser aus Flaschen mit langem Hals in ein Waschbecken laufen lassen
schlurfende Tanzschritte	Handkanten fahren abwechselnd über eine Tischplatte

Abb. 6: Klangbeispiele für Geräuschgeschichten

Komplexere Hörspiele sind naturgemäß schon textlastiger, bieten aber immer noch – im Gegensatz zum richtigen Theater – die Möglichkeit, sich weitgehend hinter der übernommenen Rolle verstecken und die Texte ablesen zu können. Ungeübte Leser wissen allerdings oft nicht, welches Wort an welcher Stelle betont werden muss. Um dieses Problem in den Griff zu bekommen, sollte man Satz für Satz die zu betonenden Silben markieren lassen. Und dann heißt es: Üben, üben, üben!

Für leseschwache Schüler stellen allein schon die häufigen Wiederholungen eine echte Herausforderung dar, die noch dadurch erhöht wird, dass sie immer mitlesen müssen, um ihren jeweils eigenen Einsatz nicht zu verpassen. Da das auch für diejenigen Schüler gilt, die *nur* für das Erzeugen der für ein Hörspiel typischen Geräusche zuständig sind, werden in jedem Fall mindestens zwei Bereiche gleichzeitig trainiert: Lesefähigkeit und eine im Interesse der Gemeinschaftsleistung auszuübende Disziplin (punktgenaues *Timing* und Verzicht auf Zwischenrufe).

Vorübungen anderer Art sind gefragt, wenn es um die auf ein Theaterstück bezogene Einstimmung geht. Als Nicht-Theaterpädagogin musste ich in diesem Zusammenhang erst einmal selbst viel lernen, aber so nach und nach ist es mir gelungen, Übungen zu entwickeln, die von fast allen Schülern (d. h. einschließlich der geistig behinderten Schüler) gut zu bewältigen sind. Beispiel:

Gangarten: schlurfen, hüpfen, hinken, trödeln, rennen
Gesichtsausdrücke: lächelnd, zornig, verlegen, traurig, ängstlich, schmerzverzerrt
Begrüßung: fester Händedruck, schlaffer Händedruck, Handklatschen, auf die Schulter klopfen, altertümlich (Knicks, Verbeugung mit und ohne Hut)
Lautstärke (Übungswort »Hallo«): normal, brüllend, flüsternd, mit hoher Stimme, mit tiefer Stimme
Lautäußerungen: flöten, schnalzen, schmatzen, schlürfen, husten, lachen/kichern, weinen/heulen, seufzen/stöhnen, aufstoßen, kreischen, keuchen

Darüber hinaus haben sich auch einige meiner szenischen Vorübungen als gemeinschaftstauglich erwiesen. Beispiel:

Auf dem Weihnachtsbaummarkt

Ein frierender Weihnachtsbaumverkäufer hat es mit einem Kunden zu tun, der an jedem der nacheinander gezeigten Bäume herumnörgelt: zu groß/zu klein/zu teuer/zu schwer/zu alt/zu hässlich etc. Irgendwann gibt der Verkäufer entnervt auf und rät dem Kunden: »Wissen Sie was? Feiern Sie doch mit einem gedachten Weihnachtsbaum!«

Vor allem die Gestaltung des Szenenschlusses sollte ganz den Schülern überlassen bleiben: Verlässt der Kunde wütend den Weihnachtsbaummarkt? Fühlt er sich ertappt und entscheidet sich schließlich doch für einen Baum? Kommt eine vermittelnde Person hinzu?

Ganz besonders anspruchsvoll sind Projekte, die auch das Entwerfen und Schreiben von Texten umfassen. Selbst in diesem Fall gibt es für die schwächeren Schüler etwas zu tun, indem sie eigene Handlungsideen beisteuern und/oder die von anderen kommenden Vorschläge begründend bewerten.

Eine gute Vorbereitung auf diese Tätigkeit besteht darin, möglichst häufig bebilderte oder schriftliche (bzw. vorgelesene) Geschichten zum Weitererzählen anzubieten. Ähnliche Effekte lassen sich auch mit Signalwortgeschichten erzielen, bei denen es darauf ankommt, in sich geschlossene Geschichten zu erfinden, in die mehrere vorgegebene Wörter eingearbeitet werden müssen.

Bei einer Entscheidung für das Schreiben eines eigenen Theaterstücks muss – parallel zu den auf das Spiel bezogenen Vorübungen – aus der Ideensammlung eine Szenenfolge werden. Auf der Grundlage inhaltlicher Schwerpunkte können sich die Schüler meistens relativ schnell dahin gehend einigen, wie viele Szenen und Spielorte es geben soll.

Bedeutend schwieriger ist die Umwandlung einer geschichtsähnlichen Handlung in einen spielfähigen Text. Dabei geht es nicht so sehr um die zusätzlich zu notierenden Regieanweisungen, sondern um die Erfahrung, dass plötzlich vom gesprochenen Wort aus gedacht werden muss. Eine der sich daraus ergebenden Fragen lautet: Welche (mündlichen) Informationen muss das Publikum wann erhalten, um der Handlung folgen zu können?

Ein weiteres neuartiges Problem ergibt sich aus dem Fehlen eines Subtextes (Beschreibung von Gefühlen, Landschaften etc.). Trotz aller dabei zu bewältigenden Umsetzungsprobleme können sich die Integrationsschüler gerade an dieser Stelle wieder verstärkt einbringen. Als Möglichkeiten kommen beispielsweise Vorschläge zur Farbgebung, Tonmischung oder Ausleuchtung in Betracht.

Spätestens dann, wenn der – wie auch immer entstandene – Text feststeht, muss (möglichst gemeinschaftlich) entschieden werden, wer welche Rolle übernehmen soll. Die Erstellung der Besetzungsliste ist ein ganz besonders heikles Unterfangen, da nicht jeder Schüler für die Rolle geeignet ist, die er (mehr oder weniger lautstark) für sich reklamiert. Neben Talent, Textsicherheit und Disziplin können manchmal auch rein äußerliche Attribute (Körpergröße oder Stimmvolumen) den Ausschlag geben.

Unabhängig von der Länge des Textes verlangt jedes Theaterprojekt – wenn die Schule nicht gerade über entsprechende Spezialisten verfügt – die Zusammenarbeit verschiedener Disziplinen und entfaltet somit auch in dieser Hinsicht eine integrationsfördernde Wirkung. Deutsch-, Werk- und Zeichenlehrer müssen beteiligt werden, um die Arbeit an Texten, Kostümen und

Kulissen zu koordinieren. Zumeist höchst willkommen ist auch die Mitarbeit von Eltern, die ganz unterschiedliche Aufgaben (von der Beschaffung funktionstüchtiger Lautsprecher- und Lichtanlagen bis hin zum Kuchenbacken für die Premiere) übernehmen können.

Zusammenfassend kann festgestellt werden, dass speziell ein Theaterprojekt einen vielfachen Rollenwechsel ermöglicht, der weit über das schauspielerische Agieren hinausgeht: Integrationsschüler erweisen sich – zumeist unvermutet – in unterschiedlichen Bereichen als Könner, aus relativ selten in Erscheinung tretenden Lehrern werden – mit großer Wahrscheinlichkeit – ganz wichtige Bezugspersonen und mitwirkende Eltern erhalten im Verlauf des Projekts Verständnis fördernde Einblicke.

Auf diese Weise können am Ende alle Beteiligten von dem profitieren, was als eine für die (Integrations-)Schüler gedachte Zielsetzung begonnen hat: Eröffnung neuer Horizonte durch einen Perspektivenwechsel im übertragenen Sinne des Wortes. Wenn dann noch eine gelungene Premiere als krönender Abschluss hinzukommt, kann aus der Hoffnung auf eine nachfolgend konfliktfreie (Schul-)Zeit Realität werden.

3. (Bewegungs-)Spiele

Bewegungsspiele sind in vielfältiger Hinsicht einsetzbar und erforderlich. Man denke nur an die langen Stillsitzphasen während des Unterrichts, die ohne gelegentliche Unterbrechungen gerade von den jüngeren Schülern kaum auszuhalten sind.

Bei den dem Verhaltensbereich zuzuordnenden Spielen geht es häufig – wie bei der *angeordneten* Ausübung bestimmter Sportarten – um einen gelenkten Abbau von Aggressionen. Demgegenüber verfolgen psychomotorische und rhythmische Spiele einen ganzheitlicheren Ansatz.

Obwohl für die genannten Bereiche schon viele Praxisbeispiele entwickelt worden sind, ist es nicht immer leicht, einen Spielvorschlag zu finden, der zum jeweils aktuellen Unterrichtsgeschehen passt. Auf der anderen Seite reicht es meistens aus, eine der Grundideen ein wenig zu verändern, um den gewünschten inhaltlichen Bezug herstellen zu können.

Wie schon mehrfach betont worden ist, sind besonders die Integrations-Schüler auf *Einbettungen* angewiesen. Die besten motivationsverstärkenden Wirkungen gehen von den ganz persönlichen Bezügen aus, aber diese sind schon allein deshalb nicht immer herstellbar, weil die private Welt dieser Schüler klein und trist ist.

Unter diesen Umständen können ihnen oftmals nur inhaltliche Bezüge (an-)geboten werden, auf die aber genau deshalb nicht verzichtet werden sollte. Anders ausgedrückt: Wenn auch noch die inhaltliche Klammer wegfällt, haben es die Schüler mit Lern- und/oder Förderbruchstücken zu tun, mit denen sie nicht viel anfangen können.

Wie ich am Beispiel der *Themen- und Übungsketten* (siehe Kapitel *Lernzugangspädagogik*) bereits dargelegt habe, sind auch Mischformen denkbar: Aus persönlichen Bezügen ergeben sich Lernkaskaden, die sich vom ursprünglichen Thema immer weiter entfernen, dafür aber schließlich bei einem sehr *ausbaufähigen* Inhalt landen. Damit komme ich erneut auf das Zirkus-Beispiel zu sprechen, aus dem sich nicht nur pantomimische Darbietungen, sondern (u. a.) auch Bewegungsspiele ableiten lassen. Beispiel *Zirkuspferde*:

> Jeweils zwei Kinder stellen sich in gebückter Haltung hintereinander auf, sodass sie mit übergeworfenem Tuch wie ein Pferd aussehen. Während sich das hintere Kind einfach nur festhält, verschränkt das vordere Kind die Hände im Nacken, damit die auf diese Weise angewinkelten Arme den Pferdekopf bilden. Die Pferde rennen immer im Kreis um den in der Mitte stehenden Zirkusdirektor herum, bis dieser einen Dressurbefehl erteilt wie:
> - Alle Pferde bleiben auf der Stelle stehen!
> - … laufen rückwärts, bis ich »Stopp!« sage!
> - … heben die beiden rechten/linken Beine!

Nach dem ersten Durchlauf (d. h. nach dem Kennenlernen des Spiels) kann die Rolle des Zirkusdirektors auch von einem Schüler übernommen werden. Dabei ist das Ausdenken neuer Anweisungen ausdrücklich erwünscht, sollte aber mit der Auflage verbunden werden, keine unrealistischen Leistungen (z. B. Hochspringen bis zur Decke) zu verlangen.

Aber auch ganz anders geartete (d. h. mit anderen Aufgaben und Zielen verbundene) Bewegungsspiele lassen sich relativ mühelos dem Zirkus-Thema anpassen. Als Beispiel sei eine Variante der *Farbbewegungsspiele* genannt, bei denen die in einem Kreis sitzenden Schüler immer dann aufspringen müssen, wenn im vorgelesenen Text eine Farbe erwähnt wird. Eine zusätzliche Aufgabe kann darin bestehen, auch noch das der genannten Farbe entsprechende Farbkärtchen hochzuhalten. Als Textbeispiel sollten zwei Absätze einer zu diesem Zweck geschriebenen Geschichte ausreichen:

> Drinnen im Zirkuszelt herrschte eine Backofenhitze und Hendrik musste seine Jacke wieder ausziehen. Aber das war ihm ganz egal, denn er interessierte sich jetzt nur noch für das Geschehen in der Manege. Zuerst erschienen drei wunderschöne Frauen in roten Rüschenkleidern mit schwarzen Spitzen. Sie saßen auf weißen Pferden, die nach der Musik der Zirkuskapelle tanzten.

Danach tauchten zum ersten Mal die Clowns auf, die tatsächlich eine
große Ähnlichkeit mit den Clowns auf Hendriks Bild hatten. Die echten Clowns
trugen komische Hüte, die abwechselnd gelb und grün aufleuchteten. Weil
Hendrik so viel lachen musste, hatte er zunächst gar nicht bemerkt, dass die
Trapezkünstler schon ganz oben auf ihren Auftritt warteten. In ihren hellblau
glitzernden Kostümen sahen sie einfach toll aus!

Wahrscheinlich noch gebräuchlicher sind die Bewegungslieder, die den
Ausdruck von Stimmungen und Tätigkeiten auf eine sehr eingängige Art
und Weise ermöglichen. Als Beispiel folgt eine als Clowns-Lied bezeichnete
Umdichtung, die sich musikalisch an das Lied *Wenn du fröhlich bist* (bzw. *If
you're happy and you know it, clap your hands*) anlehnt.

Clowns-Lied
1. Wenn ich fröhlich bin, dann lach' ich mal ganz laut: ha, ha
2. Wenn ich traurig bin, dann wein' ich einfach los: hu, hu
3. Wenn ich wütend bin, dann stampf' ich mit dem Fuß: bumm, bumm
4. Wenn ich ängstlich bin, drück' ich die Augen zu: kneif, kneif
5. Wenn ich super bin, dann klatsch' ich in die Händ': klapp, klapp
6. Wenn ich hungrig bin, dann ess' ich schnell mein Brot: schmatz, schmatz
7. Wenn ich durstig bin, dann trink' ich Apfelsaft: gluck, gluck
8. Wenn ich müde bin, dann geh' ich gleich ins Bett: schnarch, schnarch

Nun ist es aber auch nicht ratsam, ein Thema bis zum Überdruss auszureizen.
Spätestens dann, wenn die Schüler nicht mehr so begeistert bei der Sache
sind, sollte eine Umstellung erfolgen. Ein Wechsel ist aber nicht gleichbedeutend mit einem *Einbettungsverzicht*. Stattdessen geht es um das Finden
neuer Anknüpfungspunkte, die hinsichtlich der Ableitungsmöglichkeiten
besonders ertragreich sind.

Wenn keine neuen persönlichen Anknüpfungspunkte mehr zu finden sind,
besteht eine erprobte Alternative darin, sich gemeinsam mit dem Schüler einen
(Abenteuer-)Film anzuschauen. Ein gut ausgewählter Film kann (auch als *Block-
buster*) gleich zwei Funktionen erfüllen: Zum einen lässt sich ermitteln, welche
Details für die Schüler von besonderem Interesse gewesen sind und zum anderen
eignet sich die darin erzählte Geschichte als neue inhaltliche Klammer.

Wie bereits im Kapitel *Gestaltungsgrundsätze* ausgeführt worden ist, lassen
sich Brettspiele wesentlich schwerer in inhaltliche Zusammenhänge bringen.
Trotzdem sollten auch diese Spiele angeboten werden, da sie schon von sich
aus (im Gegensatz zu den meisten Lernstoffen!) eine motivierende Anziehungskraft ausüben.

Die größte Anziehungskraft ist vermutlich dann gegeben, wenn – wie das bei fast allen käuflichen Exemplaren der Fall ist – die Brettspiele so angelegt sind, dass nur ein Mitspieler gewinnen kann. Gleichzeitig ergeben sich daraus aber auch – vor allem im Beisein verhaltensgestörter Schüler – ziemlich große Konfliktpotenziale, denen allerdings begegnet werden kann (siehe *Umkehrung der Spielregeln* im Kapitel *Beratungspädagogik*).

Selbst gemachte Brettspiele sehen in aller Regel nicht so schick wie die industriell hergestellten Spiele aus, haben dafür aber den (wirklich großen) Vorteil, dass sie – wie alle anderen selbst gemachten Artikel auch – den Schülern das Gefühl einer besonderen Wertschätzung vermitteln können. Außerdem ist es bei dieser Herstellungsart tendenziell immer möglich, die Schüler am Gestaltungsprozess zu beteiligen.

Grundsätzlich gibt es keine *zweckfreien* Spiele, da jedes Spiel mindestens eine Funktion (Freude, Erholung, Zeitvertreib etc.) erfüllt. Dennoch bilden die pädagogisch orientierten Spiele eine eigene Gruppe, da diese ein – zumeist klar erkennbares – Ziel verfolgen, bei dem das eigentliche Spiel zu einem *Transportmedium* geworden ist. In diesem Fall sollte man sich darum bemühen, das pädagogische Anliegen so diskret zu handhaben, dass die Spielfreude dadurch nicht getrübt wird. Als Beispiel sei ein Rechenspiel genannt, das ich für eine sehr junge lernbehinderte Schülerin zum Einprägen ungerader (später auch gerader) Zahlen entwickelt habe.

Zu diesem sehr einfachen Würfelspiel gehörte ein als Spielbrett genutzter Pfeil mit zwanzig durchnummerierten Kästchen. Die Aufgabe bestand darin, die Spielfigur nach der jeweils erwürfelten Augenzahl Stück für Stück vorzurücken. Jede dabei erreichte ungerade Zahl musste laut ausgesprochen und (in richtiger Zuordnung zur Nummer des Spiels) untereinander auf einem Extra-Zettel notiert werden.

Das galt selbstverständlich auch für mich, sodass nach Beendigung aller geplanten Durchläufe tatsächlich ermittelt werden konnte, wer als Sieger aus dem Spiel hervorgegangen war: Wenn der Vergleich beider Zettel unterschiedliche Höchstmengen an ungeraden Zahlen ergab, war ohnehin alles klar, während im Fall übereinstimmender Höchstmengen überprüft werden musste, wer im wievielten Spiel dieses Ziel zuerst erreicht hatte, sodass eine auf Ordinalzahlen bezogene zusätzliche Trainingsmöglichkeit gleich angehängt werden konnte.

Brettspiele lassen sich auch als Solitärspiele anlegen. Dazu ein *Lotto-Beispiel* zur Verbesserung der Buchstabenunterscheidungsfähigkeit: Auf einem als *Silbenteppich* gestalteten Spielbrett befinden sich – je nach Konzentrationsfähigkeit – 10 bis 20 Felder, die mit ähnlich aussehenden (zumeist sinnlosen) Silben beschriftet sind. Für den Schüler geht es darum, diese Felder mit den (zuvor gut gemischten) identischen Einzelkärtchen zu bedecken.

Speziell in diesem Bereich sind zahlreiche Variationen möglich. Nahe liegend ist die richtige Zuordnung sinnvoller Kurzwörter, die sich entweder sehr ähneln oder sogar reimen. Im letztgenannten Fall wird es allerdings schon schwer, eine für ein Spiel ausreichende Wortmenge (wie bei mein, fein, dein, rein, sein, kein, nein, klein) zu finden.

Da partnerlose Spiele nicht im üblichen Sinne zu gewinnen sind, ist es meines Erachtens angebracht, fehlerfrei erledigte Aufgaben anderweitig zu belohnen. Um sich darüber nicht ständig den Kopf zerbrechen zu müssen, empfiehlt es sich, eine kleine Belohnungskiste (z. B. angefüllt mit Stickern, Perlen, Tier-, Blumen-, Auto- oder Fußballbildern) parat zu halten.

Das von mir ursprünglich für sprachbehinderte Schüler entworfene *Reisespiel* ist ein Beispiel für die Verbindung verschiedener Spielarten (hier: Würfel- und Legespiel): In der Mitte des Spielbretts ist ein Junge namens Oskar zu sehen, um den herum 20 Kärtchen mit den Abbildungen verschiedener Reiseutensilien (Schlafanzug, Hose, Mantel, Jacke, Hemd, Gürtel, Schal, Mütze, Kamm, Waschlappen, Zahnbürste, Regenschirm, Badehose, Buch, Rätselheft, Armbanduhr, Wecker, Taschenlampe, Fotoapparat, Portemonnaie) abgelegt werden müssen.

Zuvor ist das jeweils infrage kommende Satzmuster zu erwürfeln, das bei der Ablage des aus einem Haufen gezogenen Kärtchens anzuwenden ist:

1. Ich schenke Oskar ein/e/n ... für die Reise.
2. Oskar packt ein/e/n ... ein.
3. Ein/e... geht mit auf die Reise.
4. Wenn Oskar verreist, nimmt er immer ein/e/n ... mit.
5. Oskar sucht noch sein/e/n ...
6. Oskar muss noch ein/e/n ... für die Reise einkaufen.

Ein solches Spiel ist auch für den DaZ-Unterricht (Deutsch als Zweitsprache) gut geeignet. Die meisten der von mir direkt für den DaZ-Unterricht entwickelten Spiele sind allerdings entweder gänzlich materialunabhängig oder gehören zur Kategorie der *Tafel-Spiele*. In dieser Hinsicht stellt das folgende *Katalogkarten-Spiel* eine Ausnahme dar.

Der Grundstock dieses sehr vielfältig einsetzbaren Spiels besteht aus einer Sammlung von über 200 (auf Pappe geklebten und mit Folie überzogenen) Katalogbildern. Wegen der vielen unterschiedlichen Motive bietet sich ein auf die Festigung von Oberbegriffen abzielendes Spiel geradezu an: Aus dem verdeckt liegenden Bilderhaufen werden pro Schüler zehn Kärtchen herausgezogen und anschließend auf die mit Oberbegriffen versehenen Spielbretter abgelegt (Beispiele: Kleidungsstücke, Spielzeug, Schmuck, Möbel, Nahrungsmittel).

Die Zahl der Ablagemöglichkeiten sollte immer der Zahl der teilnehmenden Schüler entsprechen, sodass jedem Kind für die anschließende Überprüfung der vorgenommenen Zuordnungen ein eigener Bereich zur Verfügung steht. Sobald ein Schüler glaubt, einen Zuordnungsfehler entdeckt zu haben, muss die Karte entfernt und auf dem Lehrerpult abgelegt werden. Die abschließende Kontrolle erfolgt durch den Lehrer, der danach gemeinsam mit den Schülern bespricht, wo die auf dem Pult liegenden Karten tatsächlich hingehören.

Bei klar voneinander zu unterscheidenden Oberbegriffen (s. o.) kam es erwartungsgemäß nur selten zu Zuordnungsfehlern. Schon deutlich schwieriger gestaltete sich die Zuordnung, wenn es um ausdifferenzierte Oberbegriffe ging (Beispiel Möbel: Wohnzimmer, Schlafzimmer, Kinderzimmer, Küche, Flur, Arbeitszimmer/Büro). Am schwierigsten war es immer dann, wenn die Oberbegriffe in einer großen inhaltlichen Nähe zueinander standen (Beispiel: Körperpflege, Hygiene, Kosmetik). In diesen Fällen konnten die Zuordnungsversuche mit der Erkenntnis enden, dass klare (objektive) Einteilungen manchmal gar nicht möglich sind.

Angesichts der großen Anzahl an Katalog-Kärtchen blieb es nicht aus, dass oftmals auch Bildmotive gezogen wurden, die zu keinem der bereitgelegten Oberbegriffe passten. Damit war das Spiel allerdings nicht beendet, sondern konnte auf eine andere Art fortgesetzt werden, d. h. durch Einsammeln der verbliebenen Karten nach Fragen wie: Wer hat einen Gegenstand, der mit einem S (oder welchem Buchstaben auch immer) anfängt? Wer hat ein der-, die-, das-Wort? Wer hat etwas, das zur Schule gehört? …

Es muss sicherlich nicht betont werden, dass im allgemeinen Bewegungsspiele eher für größere und Brettspiele eher für kleinere Gruppen geeignet sind. Dennoch können beide Spielformen gleichermaßen zum Gelingen des integrativen Anliegens beitragen. Zum einen sind Ausnahmen immer möglich und zum anderen verhält es sich mit den Spielen genauso wie mit den anderweitigen Bemühungen: Eine zeitweilige Arbeit in Klein(st)gruppen ist vielfach die Voraussetzung für ein erfolgreiches gemeinschaftliches Agieren.

4. Basiswissen

Der Begriff *Basiswissen* wird üblicherweise mit den sogenannten Kulturtechniken gleichgesetzt und meint dann die Beherrschung grundlegender Lese-, Schreib- und Rechenfertigkeiten. Dieses Verständnis geht oft mit der Vorstellung einher, dass die Aneignung eines solchen Mindestwissens mehrheitlich auch von den Integrationsschülern erwartet werden kann.

Im Umkehrschluss läuft eine derartige Einstellung auf die Annahme hinaus, dass – mit Ausnahme der geistig behinderten Schüler – die Schulversager überwiegend selbst für ihr Scheitern verantwortlich sind. Da ich dieses Thema bereits in anderen Zusammenhängen aufgegriffen habe (vgl. Kapitel *Ausgleichsfunktionen* sowie die Ausführungen zum Verhältnis von *Lernen wollen* und *Lernen können* im Kapitel *Lernzugangspädagogik*), soll (zumindest vorerst) auf weitere diesbezügliche Einlassungen verzichtet werden.

Außerdem muss ich zugeben, dass mir ursprünglich auch ein solches Mindestprogramm durch den Kopf spukte, als ich mit meiner Arbeit als Integrationslehrerin begann und davon überzeugt war, eine Art Nachhilfeunterricht auf die Beine stellen zu müssen. Mittlerweile weiß ich, dass es sehr viel sinnvoller ist, neue Wege zu erschließen, wenn es um Kinder geht, die sich als Folge permanenter Negativerfahrungen vom schulischen Lernen verabschiedet haben.

Damit soll nicht einem Verzicht auf die Aneignung von Lese-, Schreib- und Rechenkompetenzen das Wort geredet werden. *Sinnvoller* bedeutet hier, dass in vielen Fällen erst einmal eine aus Erfolgserlebnissen bestehende (also ich-stärkende) Basis geschaffen werden muss, bevor an eine Anbahnung schultypischer Ziele überhaupt gedacht werden kann. Und selbst nach Erreichen dieser Stufe ist es immer noch ratsam, die klassischen Lerninhalte mit persönlichen Bezügen oder anderen individuell bedeutsamen Belangen zu verknüpfen.

Diesem Grundsatz folgend, habe ich für die (noch) nicht so guten Leser eigene Lesekarten angefertigt, d. h. Karten, deren Texte auf Erzählungen der Schüler beruhten und zumeist nicht mehr als zwei Sätze umfassten. Aus heutiger Sicht lesen sich viele der so entstandenen Texte wie Beschreibungen eines Alltags, mit dem man sich abgefunden hat:

> Meine Mutter ist oft krank. Wenn meine Mutter im Krankenhaus ist, müssen wir alles alleine machen.

> Ich habe zwei Brüder und eine Schwester. Die Brüder sind ganz in Ordnung, aber meine Schwester nervt mich andauernd.

Aus einigen der Berichte spricht dann aber doch etwas mehr Lebensfreude:

> Wir haben eine neue Katze bekommen. Die Katze heißt Mohrchen und versteht sich gut mit Hasso.

> Wenn meine Oma zu Besuch kommt, bringt sie immer etwas mit. Beim letzten Mal hat sie mir ein riesiges Stofftier geschenkt.

Trotz dieser erfreulichen Ausnahmen bleibt die Frage, ob es tatsächlich angebracht ist, sich im Falle der benachteiligten Schüler auf deren Umfeld zu
beziehen, wenn es um die Erstellung individuell zugeschnittener Materialien
geht. Meines Erachtens kann diese Frage uneingeschränkt bejaht werden, da
auch dieses Vorgehen einer besonderen Wertschätzung gleichkommt: Das
(überwiegend traurige) Umfeld wird schließlich nicht verurteilt, sondern
als Teil des So-Seins der Schüler akzeptiert. Mit anderen Worten geht es um
das Gefühl des Angenommenseins, das eben auch in Verbindung mit Unterrichtsmaterialien vermittelt werden kann. (Nur zur Klarstellung: In außer-
schulischer Hinsicht ist es nach wie vor geboten, sich für eine substanzielle
Besserstellung der Unterschichtfamilien einzusetzen.)

Der größte Vorteil der selbst erstellten Lesekarten, d. h. das Hervorge-
hen aus der jeweiligen Lebenssituation der Schüler, kann schnell zu einem
Nachteil werden, wenn die Texte zu präzise Zeitangaben enthalten (Beispiel:
Gestern habe ich mit X Fußball gespielt.). Für ein wiederholendes Lesen
sind solche Texte ungeeignet, aber genau das soll mit ihnen durchgeführt
werden: Nach einem ersten Vorlesen (evtl. erleichtert durch das Anbringen
von Silbenbögen) werden die Karten Stück für Stück in einem besonderen
(hübsch verzierten) Karton so lange aufbewahrt, bis eine (mit dem Schüler
abzusprechende) Anzahl an Lesekarten zusammengekommen ist. Nun geht
es an ein erneutes (Vor-)Lesen und wenn das fehlerfrei geklappt hat, wandert
die vorgelesene Karte in einen zweiten (als zugehörig erkennbaren) Karton.
Ob im Falle eines nicht so gelungenen Vorlesens die Lesekarte einfach im
Ursprungskarton verbleibt oder ob noch weitere Leseversuche mit derselben
Karte unternommen werden, ist eine am besten vor Ort zu entscheidende
Frage. Das eigentliche Ziel bleibt davon unberührt: Der zweite Karton muss
vollgelesen werden.

Danach stellt sich die Frage, ob eine neue Lesekartensammlung angelegt
wird oder ob erst einmal eine (durch vorheriges Mischen der Karten etwas
erschwerte) *Rückleseaktion* (d. h. Wiederbefüllen des ersten Kartons) erfolgen
soll. Noch mehr Auswahlmöglichkeiten sind gegeben, wenn parallel dazu eine
Sammlung aus Sachkundekarten aufgebaut wird.

Die *sachkundlichen* Lesekarten befassen sich mit Themen, die das Interesse
der Schüler geweckt haben. Von den *personenbezogenen* Lesekarten unterscheiden sie sich auch in äußerlicher Hinsicht: Zum einen sind die Texte
länger und zum anderen sind sie mit einer (möglichst nur aus einem Wort
bestehenden) Überschrift versehen.

Ein dritter Unterschied bezieht sich auf die Unterbringungsart: Für die
Sachkundetexte sind *echte* Karteikästen vorgesehen, d. h. Kästen mit einem
ABC-Register. Somit geht es für die Schüler nicht länger um ein bloßes Able-

gen der Lesekarten, sondern darum, diese nach den Anfangsbuchstaben der Überschriften richtig einzusortieren. (Trotz der anfänglich geringen Kartenzahl kann im Falle gleich lautender Anfangsbuchstaben schon in diesem Stadium die Beachtung des zweiten Buchstabens erforderlich sein.)

Lesekarten können selbstverständlich auch als Diktatvorlagen eingesetzt werden, aber gerade in der Anfangszeit können selbst Zwei-Satz-Texte noch zu umfangreich sein. Für diesen Fall habe ich zwei spezielle Hefter angelegt, von denen der eine Piktogramme und der andere Verkehrszeichen enthielt.

Beim Durchblättern konnten die Schüler angeben, welche Zeichen sie schon kannten und was diese bedeuteten. (Noch realitätsnäher wäre das Entdecken bekannter Begriffe im Rahmen eines – leider oftmals nicht möglichen – gemeinsamen Spazierganges.) Die anschließende Wort-Bild-Zuordnung erfolgte zunächst auf der Basis von Einzelbuchstaben, bis die Begriffe auch visuell so gefestigt waren, dass sie den Schülern diktiert werden konnten.

Zur Einübung der Schreibschrift habe ich vorzugsweise die völlig aus der Mode gekommene Schiefertafel eingesetzt, deren Vorteile hier noch einmal erwähnt werden sollen: Die zu bearbeitende Fläche ist sehr begrenzt bzw. übersichtlich, nachfolgende Seiten stehen nicht an und die weniger gelungenen Schreibversuche lassen sich leicht (auch in einem ökologischen Sinne) rückstandslos entfernen. Demgegenüber bleibt in den Schreibheften jeder (evtl. auch noch rot markierter) *Murks* erhalten, sodass den Schülern permanent vor Augen geführt wird, wie viele Fehlversuche sie bereits hinter sich haben.

Sind die Schüler noch dem magischen Denken verhaftet, ergeben sich – bis hin zur Mathematik – ganz wundervolle Ableitungsmöglichkeiten aus selbst geschriebenen Märchen. Entsprechende Erfahrungen habe ich nach Einführung der *Hexe Quixlquaxl* sammeln können, die ursprünglich als Motivationsgeberin für das Training schwieriger Buchstaben (Q und X) gedacht war:

Wie die kleine Hexe Quixlquaxl zu ihrem Zaubernamen kam
Es war einmal eine kleine Hexe, die gern mit den Tieren des Waldes spielte und ihnen half, wo sie nur konnte. Mal brachte sie ein verirrtes Häschen nach Hause zurück und mal zeigte sie einem Eichhörnchen ein gutes Versteck für seine Nüsse.

So ging das einige Jahre lang, bis die kleine Hexe zur Zauberschule gehen und dort angemeldet werden musste. Das war aber gar nicht so einfach, weil alle Zauberschülerinnen einen eigenen Zaubernamen brauchten und den hatte die kleine Hexe, die bislang Fiona hieß, leider noch nicht.

Ihre Mutter grübelte und grübelte, aber es wollte ihr einfach kein passender Zaubername einfallen. Dauernd musste sie an »Gute Fee« denken, aber mit diesem Namen wäre ihre Tochter von den anderen Schülerinnen ausgelacht worden. Endlich kam die Mutter auf die Idee, ihren Onkel um Rat zu fragen. Sie schrieb ihm einen Brief und – schwuppdiwupp! – war der Onkel auch schon da. Nachdem er sich ein wenig von seinem wilden Ritt auf dem Besen erholt hatte, zog der Onkel ein geheimnisvoll aussehendes Säckchen aus der tiefsten Tasche seines Mantels.

»In diesem Säckchen«, erklärte er der kleinen Hexe, »stecken alle Zaubersilben dieser Welt! Hole zwei davon heraus und lege sie nebeneinander. Das soll dann dein Zaubername sein!« Die kleine Hexe machte alles so, wie der Onkel es ihr gesagt hatte, aber dann erschrak sie: Mit einem so schwierigen Namen hatte sie nicht gerechnet!

Doch die Mutter, die sehr erleichtert war, sah das ganz anders und las ihrer Tochter den neuen Zaubernamen langsam und deutlich vor: Quixlquaxl.

Derart offen angelegte Geschichten können in vielfältiger Weise fortgesetzt werden, wobei sich jede Fortsetzung mit einem ganz eigenen Anliegen verbinden lässt. Als Beispiel soll eine Hexengeschichte zur Einführung des Einmaleins folgen:

Quixlquaxl und die Rechenblumen

Eines Tages überflog die kleine Hexe Quixlquaxl einen wunderschönen Garten. Sofort bremste sie ihren Besen und ließ sich vorsichtig nach unten sinken, um keine der dort wachsenden Blumen zu beschädigen. Staunend blickte sie sich um: So einen schönen Garten hatte sie noch nie in ihrem Leben gesehen! An einer Stelle blühten herrlich duftende Rosen, während an einer anderen Stelle riesige Sonnenblumen standen. Etwas weiter weg entdeckte sie ein Beet mit Gladiolen, die in allen Farben leuchteten.

Doch was war das? Mitten im Beet befand sich ein weißer Fleck, den sie sich nicht erklären konnte. Neugierig näherte sich Quixlquaxl dem Gladiolenbeet, bis sie erkannte, dass der weiße Fleck aus zehn weißen Blumen bestand, die alle genau zehn Blütenblätter hatten. Und das Allermerkwürdigste war: Die Blumen sprachen mit ihr! »Gutes Kind«, hörte sie die Blumen sagen, »bitte hilf uns! Bitte, mach' uns so schön bunt wie die anderen Blumen im Garten!« Erstaunt und verlegen zugleich blickte Quixlquaxl die Blumen an und antwortete: »Liebe Blumen! Ich würde euch ja gern helfen, aber den Zauberspruch für Farben kenne ich noch nicht!«

Doch dann hatte Quixlquaxl eine Idee: »Wenn ihr einverstanden seid, zaubere ich euch Querstreifen auf eure Blütenblätter und zwar so, dass jede Blume immer einen Querstreifen mehr auf ihren Blättern hat als die andere. Dann kann man euch wenigstens gut voneinander unterscheiden!« Die Blumen

waren einverstanden und Quixlquaxl wollte gerade mit ihrem Zauberspruch
für Querstreifen anfangen, als ihr noch etwas einfiel: »Mehr als neun Querstreifen auf einmal passen nicht auf eure Blütenblätter! Das bedeutet, dass
eine von euch so weiß wie jetzt bleiben müsste!«

Betroffen sahen sich die Blumen an, bis die in der Mitte stehende Blume
ganz tapfer rief: »Gut! Wenn es nicht anders geht, will ich diejenige sein, die
auf Querstreifen verzichtet!« Die anderen Blumen blickten sie dankbar an
und Quixlquaxl konnte ihr Werk beginnen. Sie schwang ihren Zauberstab,
murmelte den Querstreifen-Zauberspruch und »Pling!« sahen die zehn Blumen
genauso aus, wie Quixlquaxl es versprochen hatte. Zufrieden steckte Quixlquaxl ihren Zauberstab wieder ein, doch plötzlich fiel ihr etwas auf: »Wisst ihr
was«, sagte sie zu den Blumen, »jetzt kann man mit euch auch noch rechnen!
Da bin ich aber mächtig stolz auf mich!«

Die Rechnerei erfolgte zunächst noch ohne Zahlen. Zur Beantwortung der
Frage »Wie viele Felder haben zwei Blütenblätter zusammen?« wurden die
Areale zweier (frei auswählbarer) Blätter bepunktet und anschließend gezählt.
Der nächste Schritt (Beispiel Dreier-Reihe) bestand in der schriftlichen Fixie-
rung (also 3+3=6), wobei die Schüler spätestens nach dem fünften oder sechs-
ten Blütenblatt merkten, dass sich die Aufgaben (im wahrsten Sinn des Wortes) immer mehr in die Länge zogen und somit immer unhandlicher wurden.

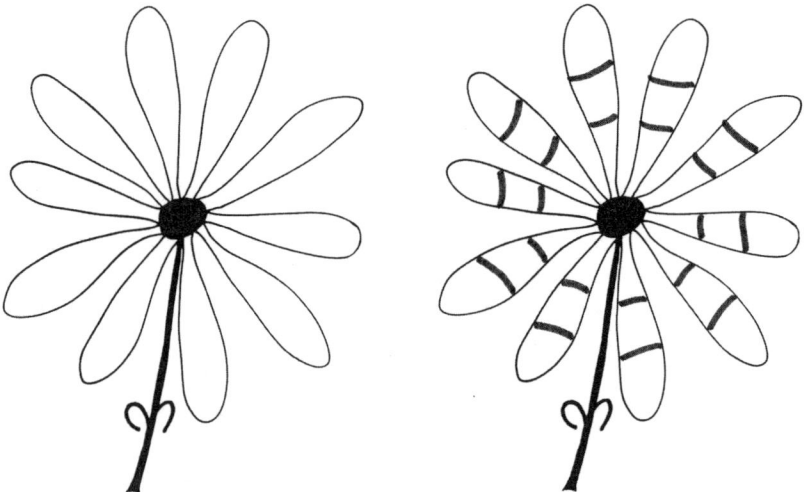

Abb. 7: Grundform und Dreier-Beispiel einer Einmaleins-Rechenblume

Damit war der Zeitpunkt für die Einführung der Multiplikation gekommen: Die Schüler erfuhren (oder entdeckten es teilweise sogar selbst), dass es wegen der gleichartigen Anzahl der Felder ausreicht, die Zahl der Blütenblätter zu notieren, um zu einer verkürzten Schreibweise zu gelangen (Beispiel: 5 Blütenblätter mal 3 Felder sind zusammen 15 Felder bzw. 5 mal 3 = 15).

Um die Arbeit etwas abwechslungsreicher zu gestalten, wurde mal die eine und mal die andere Blume ausgewählt. Unverändert blieb nur die Anweisung, jedes herausgefundene Ergebnis sofort in eine noch unausgefüllte Einmaleinstabelle zu übertragen. Diese war so vorstrukturiert, dass den Schülern am Ende ein voll gebrauchsfähiges und zugleich überwiegend selbst erarbeitetes Hilfsmittel zur Verfügung stand.

Davon profitierten vor allem diejenigen Schüler, denen es nicht gelang, das komplette Einmaleins auswendig zu lernen. Aber auch für das Auswendiglernen gab es selbst zu erarbeitende Hilfsmittel. Beispiel: Ein Set aus zehn Zehnerstreifen, die vorne die Aufgaben und hinten die (jeweiligen) Lösungen enthielten. Diese Streifen konnten durch ein kleines Fenster geschoben werden, das sich in der Mitte eines doppelt gelegten und an den Seiten fest verklebten Pappstückes befand.

Nach meiner Erfahrung haben sich die Schüler immer gern an der Herstellung eigener Unterrichtsmaterialien beteiligt. Es kam sogar vor, dass sie von sich aus diesbezügliche Ideen für die »Kleineren« entwickelten wie z. B. die Herstellung einer *Blumenseite* zur bildlichen Darstellung der Zahlen von 1 bis 10. Einige Schüler schreckten nicht einmal vor der Anlage eines 1000-er-Büchleins zurück, obwohl die dafür vorgesehenen Kästchen so klein waren, dass jede Zahl ziemlich akkurat eingetragen werden musste.

Für Lehrer bedeuten solche Vorhaben ein noch größeres Maß an Kontrolle. Damit komme ich auf einen Punkt zu sprechen, der (zeitbedingt) meines Erachtens eine viel zu geringe Rolle spielt: In normalen Klassen werden nur die Klassenarbeiten regelmäßig und vollständig kontrolliert, während bei den Hausaufgaben oft ein *Erledigt-Häkchen* ausreichen muss.

Das aus Sicht der Schüler in diesem wichtigen Bereich bestehende Aufmerksamkeitsdefizit wird nur geringfügig dadurch abgebaut, dass immer häufiger nachmittägliche Hausaufgabenhilfen in Anspruch genommen werden können. Worauf es ankommt, ist eine regelmäßige und umfassende Begutachtung durch die Lehrer, die die Hausaufgaben auch gestellt haben, denn nur so ist ein anschließendes auf den konkreten Unterricht abgestimmtes Beratungsgespräch möglich.

Allerdings: Unter den gegenwärtigen Unterrichtsbedingungen steht für die Durchführung von Beratungsgesprächen erst recht keine Zeit zur Verfügung. Somit kann festgestellt werden, dass sich die oft nur oberflächlich

beachteten Hausaufgaben hinsichtlich der beratungsbedürftigen Schüler wie
ein weiteres Selektionsinstrument auswirken.

5. Verhaltenstraining

Da sich jeder Mensch immer irgendwie verhält, sagt der bloße Begriff *Verhaltenstraining* noch nicht allzu viel aus. Üblicherweise ist die Aneignung
eines gewünschten Verhaltens gemeint, d. h. eines Verhaltens, das innerhalb
bestimmter Gruppen (oder auch Gesellschaften) als angemessen und vorteilhaft gilt. Dementsprechend hat das erwartete Verhalten immer auch etwas
mit den jeweils vorherrschenden Normen und Wertvorstellungen zu tun.

Dabei wird oft ausgeblendet, dass viele Vorstellungen hinsichtlich eines
korrekten Verhaltens einem – nicht zuletzt wirtschaftlich bedingten – Wandel
unterliegen. Davon betroffen sind auch einige der vermeintlich unveränder-
lichen bzw. allgemeingültigen Werte. Beispiel: Vor allem in den stark kapita-
listisch geprägten Gesellschaften hat Respekt schon längst nichts mehr mit
einer Ehrfurcht vor dem Alter oder einer unterwürfigen Einstellung gegen-
über den mit Machtbefugnissen ausgestatteten (und früher Respektspersonen
genannten) Repräsentanten einer Gesellschaft zu tun.

Damit einhergehend haben die im Namen der wettbewerbsorientierten
Leistungsfähigkeit sanktionierten Verhaltensweisen wie Ellbogenmentalität
und Raffgier Einzug gehalten, die weder vor Plagiaten noch vor Korruption
zurückschrecken und sich bereits auf schulischer Ebene als zügelloses Mobbing bemerkbar machen. Dessen ungeachtet wird so getan, als ob Werte wie
Demokratie oder Rücksichtnahme weiterhin die verhaltensbestimmenden
Leitlinien seien.

Hinzu kommt die Vielschichtigkeit des Begriffes *Verhalten,* das – allein in
schulischer Hinsicht – sowohl das sogenannte Lern- und Leistungsverhalten
als auch die Art des Umgangs mit anderen Menschen umfassen kann. In dem
hier vorliegenden Verständnis soll die letztgenannte Variante (Umgangsformen) im Mittelpunkt der Betrachtung stehen.

Eine weitere Einschränkung ergibt sich durch die Auswahl der Adressaten
verhaltensmodifizierender Bemühungen: Obwohl mittlerweile immer mehr
Schüler für ein solches Training infrage kämen (siehe grausames *Schüler-
bashing* im Fall sichtbarer Armut), werden – meinen Tätigkeitsschwerpunkten
entsprechend – wieder einmal die sogenannten verhaltensgestörten Schüler
im Fokus stehen, wodurch klassenweite Aktionen aber nicht grundsätzlich
ausgeschlossen sind.

Wenn man die Wünsche der *anderen* als Ziele nimmt, geht es vor allem
um die Entwicklung eines störungs- und aggressionsfreien Verhaltens, aber

gerade diese Ziele können in der Regel nicht ohne eine spezielle Vorübungs-
phase ins Auge gefasst werden.

Zu den bekanntesten Sprüchen verhaltensgestörter Schüler gehört die
(zumeist als Provokation empfundene) Frage: »Was guckst du so?!« In den
allermeisten Fällen ist diese Frage auch tatsächlich als Provokation gemeint,
wobei sie gleichzeitig ein großes Maß an Unsicherheit überdeckt.

Deshalb könnte man meines Erachtens auch von einem Appell sprechen,
der aber wegen des provozierenden Anteils regelmäßig überhört wird. Und
so mündet die Frage »Was guckst du so?!« schnell in eine Eskalation, die den
verhaltensgestörten Schülern wie eine Bestätigung ihrer finsteren Sicht der
Welt vorkommen muss. Die sich auf beiden Seiten vollziehenden Fehlwahr-
nehmungen bzw. Missdeutungen erleichtern nicht gerade die Aufgabe, das
unheilvolle Reiz-Reaktionsschema aufbrechen zu wollen. Trotzdem lassen sich
Ansatzpunkte finden, die diesen Prozess zumindest in Gang setzen können.

Dazu bedarf es einiger Vorüberlegungen: Für Kinder und Erwachsene gilt
gleichermaßen, dass Selbstablehnung den Zugang zu anderen Menschen stark
beeinträchtigt oder sogar ganz versperrt. Schlichter ausgedrückt: Wer sich
selbst nicht leiden kann, kann in aller Regel auch die anderen nicht leiden.

Dementsprechend kommt es zunächst darauf an, den Schülern einen
positiveren Zugang zu sich selbst zu ermöglichen. Zu diesem Zweck können
Spiegel-Übungen durchgeführt werden, bei denen im Rahmen eines kleinen
Bewegungsgedichtes die einzelnen Teile des Gesichts mit neutraler bis wohl-
wollender Aufmerksamkeit betrachtet und benannt werden. Voraussetzung
ist allerdings, dass die teilnehmenden Schüler das eigene Aussehen wenigstens erträglich finden.

Mein Gesicht

Oh, wer guckt mich da an? *(Hochziehen der Augenlider)*
Meinst du vielleicht mich? *(Mit einem Zeigefinger auf sich selbst zeigen)*
Das kann doch nicht wahr sein! *(Abwehrende Vorwärtsbewegung beider Hände)*
Du siehst aus wie ich! *(Leichtes Hochheben der beidseitig ausgebreiteten
Arme)*

Hab' ich hübsche Augen! *(Zwinkern mit den Augenlidern)*
Und so'n schönen Mund! *(Vorschieben der Lippen/Schmollmund)*
Und dann diese Nase! *(Anfassen der Nasenspitze mit Zeigefinger und Daumen)*
Die ist vorne rund! *(Antippen der Nasenspitze)*

Das soll wohl mein Kinn sein! *(Vorrecken des Kinns)*
Ist ja ganz schön fest! *(Rechte oder linke Faust stupst das Kinn an)*

Anders als die Ohren! *(Zupfen an beiden Ohrläppchen)*
Das wird jetzt ein Test! *(Etwas festeres Bedecken beider Ohren mit den Händen)*

Sobald es um eine Anhebung des nicht auf körperliche Merkmale bezogenen Selbstbewusstseins geht, ist die Vermittlung von Erfolgserlebnissen gefragt. In dieser Hinsicht hat sich die Durchführung pantomimischer Übungen (siehe Kapitel *Gemeinschaftspädagogik*) als wahres *Wundermittel* erwiesen, das sich in Anbetracht der vielfältigen Vorteile aber auch erklären lässt:

a) Da erstaunlicherweise gerade die *verhaltensgestörten* Schüler oft über eine natürliche pantomimische Begabung verfügen, stellen sich die so dringend benötigten Erfolgserlebnisse fast immer auf Anhieb ein.

b) Von den bei mündlichen Aufgabenstellungen gegebenen sofortigen Nachfragemöglichkeiten profitieren vor allem jene Schüler, die Probleme mit dem verstehenden Lesen bzw. der (deutschen) Sprache haben.

c) Pantomimische Aufgabenskizzen wirken zumeist sehr Fantasie anregend, sodass sich die Darsteller relativ leicht mitgestaltend betätigen können.

d) Pantomimische Übungen sind auch in technischer Hinsicht so voraussetzungslos, dass sie sich – in inhaltlich angepasster Form – leicht auf ganze Klassen übertragen lassen.

Aus den anfänglich nur zu besonderen Anlässen entstandenen Übungen hat sich so nach und nach eine vielfältig einsetzbare Serie entwickelt, die aus insgesamt drei Teilen besteht: Übungen für den Einzelschüler, interaktive Übungen (mit echten oder gedachten Partnern) und *Klassenübungen* (d. h. Übungen, an denen sich tatsächlich alle Schüler einer Klasse beteiligen können). Die im Anhang ebenfalls aufgenommenen *Wahrnehmungsübungen mit pantomimischen Anteilen* spielen in diesem Zusammenhang keine Rolle.

Damit entspricht die Einteilung den im Kapitel *Gemeinschaftspädagogik* aufgezählten Annäherungsstufen. Hinsichtlich des Übungsaufbaus unterscheiden sich die ersten beiden Teile nicht voneinander: Pro (Alltags-)Thema gibt es drei Varianten, die in sich noch einmal in eine leicht und eine schwer(er) zu bewältigende Aufgabe gegliedert sind. Als Beispiel soll gleich die allererste Seite der Übungssammlung vorgestellt werden:

Pantomimische Übungen zum Thema »Essen«

1. Essen eines Apfels
   a) S. isst einen Apfel, der ihm sehr gut schmeckt.
   b) S. isst einen Apfel, der gut aussieht, sich aber als sauer erweist

2. Essen eines Maiskolbens
   a) S. hält die Pappschale so unter den Maiskolben, dass beim Essen nichts heruntertropfen kann.
   b) S. ist so hungrig, dass er nicht an diese Vorsichtsmaßnahme denkt und flüssige Butter auf sein T-Shirt tropft.

3. Vorbereitung eines Mittagessens
   a) S. kocht Nudeln mit Soße und stellt voller Stolz das gelungene Mittagessen auf den Tisch.
   b) S. hat Milch für einen Pudding aufgesetzt und wird gleich danach angerufen. Noch während des Gesprächs breitet sich der Geruch der übergekochten Milch in der ganzen Wohnung aus.

Die Durchführung pantomimischer Übungen dient zunächst einmal dem Zweck, über die schnelle Vermittlung von Erfolgserlebnissen die Selbstakzeptanz der in ihrem jungen Leben schon viel zu oft zurückgewiesenen Schüler zu verbessern. In einem zweiten Schritt wird der Übergang zu einer verbesserten Fremdakzeptanz angestrebt. Dieser Schritt ist auch deshalb weitaus schwieriger, weil die meisten Integrationsschüler trotz ihrer üblicherweise gegebenen Darstellungskunst immer wieder daran scheitern, die von anderen Menschen ausgehenden Signale richtig zu deuten.

Inwieweit dieses Phänomen mit der in der Unterschicht vorherrschenden Spracharmut zusammenhängt, vermag ich nicht zu beurteilen, könnte mir aber gut vorstellen, dass man leicht geneigt ist, nicht benennbare Gefühle und Stimmungen in die wenigen vorhandenen (und dann oft nicht zutreffenden) *Sprachschubladen* einzuordnen.

In dieser Hinsicht besonders benachteiligt sind die *macho-geprägten* Schüler, die sich differenziertere Gefühle sowieso nicht gestatten wollen. Aber – und das habe ich bei der Durchführung pantomimischer Übungen sozusagen ausgenutzt – wenn die Darstellung von Stimmungen und Gefühlen als aufgabenimmanent präsentiert wird, sind auch die *harten Burschen* fast immer ohne Weiteres bereit, sich darauf einzulassen.

Angesichts der Komplexität dieser Art des Verhaltenstrainings versteht sich ein mehrstufiges Vorgehen von selbst. Zunächst reicht es völlig aus, wenn – in möglichst heiterer Atmosphäre – die (vorskizzierten) Szenen mal so und mal so ausprobiert werden, bis die Schüler selbst das Gefühl haben, dass die Darstellung sitzt.

Danach sind die meisten Darsteller bereit, die jeweilige Szene vor einem (üblicherweise erst anzuschaffenden) Garderobenspiegel zu wiederholen. Nach – oder ggf. auch schon während – der *Spiegel-Darbietung* können Fragen gestellt werden wie: »Weshalb hast du eben die Hand vor den Mund geschlagen? Weshalb hast du deine Augenbrauen zusammengezogen? Weshalb hast du eben so getan, als ob du ein Liedchen pfeifen würdest?« etc. Derartige Fragen erbringen nicht selten ein allererstes bewusstes Erkennen des Zusammenhangs zwischen Gefühlslagen und Körpersprache. Des Weiteren wird klar, dass die Kunst eines Pantomimen auf Mimik (einschließlich der Blicke) und Gestik (grob- und feinmotorischer Art) beruht.

Zur Vertiefung der neu erworbenen Kenntnisse habe ich einen Ordner mit sehr vielen (überwiegend aus Prospekten stammenden) Fotos angelegt. Aus der durchnummerierten und nach Bereichen gegliederten Sammlung (Babys/Kleinkinder, Kinder/Jugendliche, Eltern, Frauen, Männer) konnten sich die Schüler je ein Lieblingsbild pro Bereich heraussuchen, um dann – nach einer individuell angemessenen Betrachtungszeit – Bild für Bild zwei Interviewfragen zu beantworten:

1. Warum magst du dieses Bild?
2. Was hat/haben die Person/en vielleicht gerade gedacht oder gefühlt?

Wenn der Lehrer die Antworten den Nummern entsprechend notiert, ist es nach einiger Zeit möglich, den Schülern dieselben Fotos und Fragen noch einmal vorzulegen und dann gemeinsam zu überprüfen, ob sich Veränderungen ergeben haben. In diesem Fall ist eine gute Gelegenheit für ein vorsichtig auswertendes Gespräch gegeben.

Selbstverständlich lässt sich eine solche Sammlung auch ganz interviewfrei durchstöbern. Die sich dabei ergebenden Effekte sind manchmal sogar ertragreicher als alle geplanten Aktivitäten. Beispiel: Per Zufall können die Schüler auf ein Foto stoßen, das Erinnerungen wachruft, über die sie sonst nie ein Wort verloren hätten und die außerdem eine festere Lehrer-Schüler-Bindung bewirken.

Auch Tonlagen gehören zu den Gefühls- und Stimmungsindikatoren, die aber oftmals so leicht zu identifizieren sind, dass ein diesbezügliches Training im Rahmen eines Theaterprojekts völlig ausreicht. Eine andere Frage ist, ob mit den Gefühlsübungen tatsächlich der erhoffte Spiegelneuronen-Effekt eintritt, d. h. die nach der Wahrnehmung von Körpersignalen angenommene Aktivierung genau jener Gehirnareale, die auch bei dem aussendenden (Gesprächs-)Partner aktiv sind.

Dabei geht es nicht zuletzt um die Fähigkeit des Mit-Leidens, die anscheinend immer mehr Schülern abhanden gekommen ist. In Extremfällen geht das oft schon früh zu beobachtende Abgebrühtsein (ein hinsichtlich der möglichen Ursachen sehr passender Begriff) so weit, dass es sowohl in physischer als auch psychischer Hinsicht zu äußerst brutalen Grenzüberschreitungen kommt. Meines Erachtens haben wir es hier mit einem Phänomen zu tun, das ziemlich typisch für eine Gesellschaft ist, die sich in einer sehr eindimensionalen Form als Leistungsgesellschaft versteht. Damit komme ich auf den eingangs erwähnten Wertewandel zurück, der die integrativen Bemühungen vor allem im Gefühlsbereich stark ausbremst.

Unter den genannten Bedingungen ist es jedenfalls oft so, dass die Integrationsschüler auch dann nicht viel mit (nichtsexuellen) Gefühlen anfangen können, wenn sie gelernt haben, diese zu benennen und körpersprachlich richtig zuzuordnen. Anders ausgedrückt: Die zumeist sehr mühsam neu erworbenen Fähigkeiten sind in Klassengemeinschaften, in denen (fast) alle danach streben, sich bis zur Selbstverleugnung cool und tough zu geben, so gut wie wertlos.

In solchen Fällen könnte es – im Sinne eines ersten Ansatzes – hilfreich sein, die *Klassenpantomimen* nicht nur mit Blick auf die Integrationsschüler, sondern als ein für alle gedachtes Sensibilisierungsvorhaben durchzuführen. Für die daran interessierten Kollegen habe ich seinerzeit folgende Erläuterungen verfasst:

Sukzessiv ablaufende Übungen eignen sich besonders gut für pantomimische Darstellungen, in die alle Schüler einer Klasse einbezogen werden sollen. Als Beispiel sei die Übung *Geschenkpaket* genannt, bei der es darum geht, einen gedachten Karton von Schüler zu Schüler weiterzureichen und diesen nach Empfang mit jeweils einem (ebenfalls gedachten) Geschenk zu befüllen.

Unterschiedliche Schwierigkeitsstufen ergeben sich aus den zu variierenden Vorgaben. Im leichtesten Fall trägt der zuletzt tätige Schüler den inzwischen schwer gewordenen Karton zu einem vorher vereinbarten Platz. Schwieriger zu bewältigen sind die vielen möglichen Störungsvarianten, die den reibungslosen Ablauf aufhalten oder sogar ganz vereiteln können.

Mit dem letztgenannten Fall ist bereits die Ebene der gleichzeitigen Darstellung unterschiedlicher Reaktionsformen auf ein auslösendes Ereignis erreicht. Bei Aufteilung der Klasse in eine (später zu wechselnde) Handlungs- und Beobachtungsgruppe erlauben vor allem die mit spontanen Elementen angereicherten Übungen eine allmähliche Verbesserung grundlegender Wahrnehmungs- und Identifizierungsfähigkeiten. Die nachfolgenden Darstellungsvorschläge sind so beschaffen, dass mindestens einem zur jeweiligen Handlungsgruppe gehörenden Schüler eine besondere Rolle zukommt.

Auf der anderen Seite bietet die Beobachtungsgruppe den (in dieser Hinsicht) eher schüchternen Schülern eine – vorläufige – Rückzugsmöglichkeit. Hierauf sollte bei Bedarf anlässlich der im Vorfeld durchzuführenden Rollenbesetzungsdiskussionen ausdrücklich hingewiesen werden. Als allgemeine Auflockerungsübung könnte das heimliche Herumreichen eines Liebesbriefes dienen.

Im Gegensatz zu den o. a. Einübungspantomimen, bei denen die Schüler einfach sitzen bleiben können, verlangt die Darstellung der nachfolgend aufgezählten Situationen schon größere Aktivitäten (Einnahme anderer Positionen bis hin zur Durchführung kleinerer Umbauten):

- Café
- Eisenbahnabteil
- Flughafen
- Wartezimmer einer Arztpraxis
- Postschalter

Am Beispiel *Postschalter* sollen die auch bei Klassenpantomimen möglichen Variationen ein- und desselben Themas veranschaulicht werden:

a. Ein hinzukommender Kunde versucht, sich an der vor einem Postschalter stehenden Schlange vorbeizumogeln.
b. Ein schon seit längerer Zeit wartender Kunde wird wegen der brütenden Hitze plötzlich ohnmächtig und kippt um.
c. Ein unbeabsichtigter Rempler löst einen plötzlichen Streit aus, an dem sich immer mehr Postkunden beteiligen. Der Schalterbeamte versucht vergeblich, den Streit zu schlichten.
d. Ein Kunde ist beim Bezahlen der Briefmarken so nervös, dass sein Portemonnaie herunterfällt und viele Münzen über den Boden rollen.

Zu den eher simplen pantomimischen Übungen gehören die *Verharr-Übungen,* die darauf abzielen, immer länger werdende Nichtbewegungsphasen absolvieren zu können. Auch hierzu einige Beispiele:

- *Angler:* Ein Angler sitzt am Ufer eines Flusses und wartet regungslos auf das Anbeißen eines Fisches.
- *Soldat der Königin:* Ein Wachsoldat mit Bärenfellmütze wartet mit völlig ausdruckslosem Gesicht vor dem Schloss der (englischen) Königin auf Ablösung.

– *Sonnenbad:* Ein Urlauber liegt mit geschlossenen Augen auf einer Luftmatratze am Meeresstrand und konzentriert sich ganz auf das Rauschen der Wellen (Muschel am Ohr).

Bei den allerersten Durchführungen sollte lediglich festgestellt werden, wie lange der Schüler die völlige Bewegungslosigkeit überhaupt aushält. Danach kann eine gemeinsame Festlegung der Steigerungsraten erfolgen, deren Einhaltung sich im Falle kleinerer Zeitsprünge am besten mit Stoppuhren überprüfen lässt.

Die eigentlich beliebteren Sanduhren lassen sich erfahrungsgemäß auch ganz gut im Klassenzimmer einsetzen. In diesem Fall geht es allerdings meistens darum, während der vereinbarten Zeit auf Zwischenrufe zu verzichten. Diese Maßnahme ist immer dann besonders erfolgreich, wenn sich gleich mehrere Schüler daran beteiligen.

Ebenfalls im Klassenzimmer durchführbar ist ein Projekt, das ich *Wir lernen besser zuhören* genannt habe. Das in drei Unterrichtsstunden zu absolvierende Projekt beginnt mit einer ganz speziellen Art von Selbsterkenntnis: In einem *Zuhör-Diagramm* mit den (vertikal notierten) Werten von 1 bis 9 (d. h. mit der 5 als Mittelwert) tragen die Schüler ein, welchen Personen (Vater, Mutter, Freund, Lehrer, Schulleiter, Hausmeister etc.) sie ihrer Meinung nach in welcher Intensität zuhören. Als Grundlage für das anschließende Auswertungsgespräch reicht die Feststellung, welche der genannten Personen klassenweit die höchsten Zuhörwerte erzielt haben. Mit diesem Bild vor Augen können die Schüler immerhin schon erste Vermutungen darüber anstellen, welche Gründe zu der ermittelten Verteilung geführt haben und ob es möglich (bzw. wünschenswert) ist, daran etwas zu ändern.

Wenn hinsichtlich des schulischen Sektors eine mehrheitliche Zustimmung erreicht werden kann, ist eine Bereitschaft für die Durchführung der nächsten Phase gegeben, die hauptsächlich aus geflüsterten Anweisungen und deren Umsetzung besteht. Da die (nach Schwierigkeitsgraden gestaffelten) Anweisungen auch schriftlich vorliegen, kann am Ende überprüft werden, ob diese korrekt ausgeführt worden sind. Dazu zwei Beispiele:

– *Schüler X:* Schneide ein Dreieck und ein Quadrat aus. Male das Dreieck rot und das Quadrat blau an und klebe anschließend beide Teile so zusammen, dass ein Haus entsteht.
– *Schüler Y:* Hole einen Teller und Knete. Forme aus der Knete eine Gurke und einen Apfel und bedecke anschließend beides mit einem zweiten Teller.

Es bietet sich an, das Projekt mit einer Einübungsphase abzuschließen, die beispielsweise als *Kellnerspiel* gestaltet werden kann: Ein Gast darf einem Kellner jeweils drei Aufträge erteilen. Der Kellner verlässt den Klassenraum für ca. eine Minute und führt nach der Rückkehr die Bestellungen verbal mit pantomimischer Begleitung aus. Beispiel: »Hier ist das bestellte Schnitzel und Ihr Weizenbier. Die Pommes frites bringt meine Kollegin.« Danach nehmen zwei andere Schüler die Gast- und Kellnerrolle ein.

Für Schüler, die bereits Probleme mit dem bloßen Zuhören haben, kommt ein Projekt, bei dem es um ein verstehendes Zuhören geht, erst einmal nicht infrage. Außerdem gehen die Zuhörprobleme zumeist mit weiteren gravierenden Konzentrationsproblemen einher, sodass ein gezieltes Zuhörtraining einen ganz falschen Ansatz darstellen kann.

In diesem Fall ist das gemeinsame Singen von Liedern, bei denen entweder an einer bestimmten Stelle gestoppt werden muss (Beispiel: *Jetzt fahr'n wir über'n See*) oder Vokale auszutauschen sind (Beispiel: *Drei Chinesen mit dem Kontrabass*) besser geeignet. Infrage kommen auch Gedichte mit selbst zu findenden Reimen wie in dem von mir verfassten Beispiel: *Die Kinder sind im Garten./Dort sitzen sie und .../auf den kleinen Klaus,/der ist noch im ...*

Eine gute Gelegenheit zur Einübung von Benimmregeln stellt der Geburtstag eines Klassenlehrers dar, wenn dieser von der Klasse mehrheitlich gemocht wird. In diesem Fall sind zumeist auch die Integrationsschüler bereit, sich voll und ganz ins Zeug zu legen. Um den Überraschungseffekt für das Geburtstagskind nicht zu schmälern, ist es dringend erforderlich, dass ein anderer Lehrer (vorzugsweise der Integrationslehrer) die Koordinierung der Vorbereitungen in die Hand nimmt. In dem mir noch schriftlich vorliegenden Fall waren sechs Planungsstufen vorgesehen:

a) Vorstellung des Projekts/Ideensammlung
b) Planung des Festprogramms und der Raumgestaltung
c) Festlegung der Speisen und Getränke/Kostenplanung
d) Aufteilung der Bastelarbeiten (Tisch- und Raumdekoration)
e) Durchführung von Rollenspielen *(Benimm-Kurs)*
f) Durchführung der Feier/Verleihung der Zertifikate

Wie man der Aufzählung entnehmen kann, fand der *Benimm-Kurs* erst kurz vor der Geburtstagsfeier statt. Durch die zeitliche Nähe sollte sichergestellt werden, dass am Ende der Feier möglichst allen Schülern ein Zertifikat ausgehändigt werden konnte:

Abb. 8: Bescheinigung über eine erfolgreiche Einhaltung der Benimmregeln

Das Training bestand zum einen aus einer allgemeinen Besprechung des korrekten Verhaltens (bei der Überbringung von Glückwünschen und beim Verzehr der Speisen und Getränke) und zum anderen aus der Durchführung diesbezüglicher Rollenspiele, wobei die zu bewältigenden Aufgaben teilweise schon echte Herausforderungen darstellten:

Aufgabenbeispiele Gast:
– Gewünschtes Essen steht weit weg.
– Etwas schmeckt mir nicht.
– Ich hätte gern noch mehr.
– Ich muss früher gehen.
– Ich bin erkältet/muss niesen.

Aufgabenbeispiele Gastgeber:
– Die Tasse (das Glas) eines Gastes ist leer.
– Ein Gast fühlt sich nicht wohl.
– Ein Gast hat etwas verschüttet.
– Ein Gast fängt einen Streit an.
– Ein Gast fürchtet sich vor dem mitgebrachten Hund eines anderen Gastes.

Mit anderen Worten bezogen sich die Aufgaben nicht nur auf einen friedlichen Verlauf der Situation, sondern umfassten auch Unannehmlichkeiten und Konflikte, die im realen Leben gar nicht so selten die (Feier-)Stimmung verderben. Als weiterer lebensvorbereitender Aspekt kam die Erfahrung hinzu, dass man nicht viel Geld ausgeben muss, um normale Tische in eine festlich gedeckte Tafel zu verwandeln.

Ein dauerhafteres Training ermöglichen die *Höflichkeitspässe,* von denen – neben den Schülern – vor allem jene Lehrer profitieren können, die nur selten in einer Klasse anwesend sind und/oder in den undankbaren Randstunden unterrichten müssen. Grundlage der Höflichkeitspässe sind die pro Schüler ausgehändigten Sammelfelder, bei denen es sich um DIN-A4-Blätter mit 80 Unterteilungen handelt, die in quer liegender Form mit Datumsleisten versehen sind. Das eigentliche Passformular befindet sich auf der Rückseite und wird durch ein Zusammenfalten des Sammelfeldes sichtbar.

Mit dieser Unterlage können die Schüler kurz vor Beendigung des Unterrichts zum Lehrer gehen und sich – bei entsprechender Zustimmung – mit Datum und Unterschrift (oder Stempel) bestätigen lassen, dass sie sich in der Stunde (oder Doppelstunde) X überwiegend höflich verhalten haben. Sobald ein Schüler zuerst alle 80 Kästchen ausgefüllt bekommen hat, werden sämtliche Pässe eingesammelt und quotiert, d. h. es wird ausgezählt, wie viel der 80 Kästchen der Schüler als bestätigt vorweisen kann.

Liegt der Anteil über 40, wird auf jeden Fall ein Höflichkeitspass ausgestellt, wobei dieser auf Wunsch auch noch mit einer (von dem Schüler selbstbestimmten) Zensur versehen werden kann. Ältere Schüler, die es ganz genau wissen wollen, lassen sich in diesem Zusammenhang sogar auf ein (als Orientierungshilfe gedachtes) Prozentrechnen ein.

Ein grundsätzlich immer mögliches Verhaltenstraining stellt die Vergabe von Klassenämtern dar, die vor allem dann Sinn macht, wenn tatsächlich jeder Schüler ein solches Amt erhält. Bei 25- bis 30-köpfigen Klassen ist das allerdings nur dann zu schaffen, wenn die traditionellen Ämter (z. B. Ausfegen des Klassenzimmers) täglich wechselnd vergeben werden.

Zusammenfassend lässt sich feststellen, dass die hier vorgestellten Vorschläge zum Verhaltenstraining mit wenigen Mitteln auskommen, da sie vor allem Fantasie erfordern. Wie in den vorangegangenen Kapiteln gezeigt werden konnte, gilt das auch für andere Trainingsbereiche. Bei den klassischen (d. h. längst vorliegenden) Fördermitteln und -methoden (z. B. Sprach- und Bewegungsspiele aus dem Vor- und Grundschulbereich) muss nicht einmal Fantasie entwickelt werden, sodass sich die Situation meines Erachtens wie folgt darstellt: Das Werkzeug ist entweder schon da oder kann ohne größeren Aufwand angepasst werden.

Demgegenüber haben wir ein Schulsystem, das mit diesen Potenzialen nicht mehr viel anfangen kann oder will. Stattdessen wird im Namen einer – wie auch immer gearteten – Zukunftsfähigkeit relativ viel Geld für teure Neuanschaffungen ausgegeben. Ein in dieser Hinsicht besonders aufschlussreiches Beispiel stellen die elektronischen Tafeln dar.

Nach Berichten von Kollegen, die mit den Whiteboards *beglückt* worden sind, werden diese eher selten genutzt und nehmen hauptsächlich Platz weg. Als Gründe kommen fehlende Jalousien ebenso infrage wie (im Falle höhenverstellbarer Tafeln) das viel zu häufig erforderliche Herumfummeln an den Geräten. Mit anderen Worten haben wir es hier mit einer Anschaffung zu tun, deren Praxistauglichkeit sich erst noch erweisen muss und die in Anbetracht der hohen Kosten außerdem zu Lasten der Finanzierung von weitaus dringlicheren Aufgaben geht (z. B. drastische Erhöhung der Lehrereinstellungsquote oder Einführung spezieller Kulturgutscheine).

Diese Kritik hat nichts mit einer generellen Technikfeindlichkeit zu tun, aber viel mit einer großen Sorge hinsichtlich der zukünftigen Gestaltung des Schulwesens. Was mag ein zunehmender Einfluss der im Bildungsgeschäft tätigen Lobbyisten zur Folge haben, wenn deren Interessen schon jetzt so stark berücksichtigt werden?

Gerade die besonders teuren technischen Verbesserungen belegen meines Erachtens nur, dass nicht die kindlichen Bedürfnisse im Mittelpunkt der derzeitigen schulpolitischen Reformversuche stehen. Selbst bei der jetzt so häufig propagierten individuellen Förderung geht es so gut wie nie um die Schüler mit ihren ganz persönlichen Entwicklungsgeschichten sowie der daraus resultierenden emotionalen Verfassung, dafür aber umso mehr um die individuell unterschiedlichen Leistungsstände. Man könnte auch so sagen: Im Fokus steht nicht das Kind, sondern dessen Produktivität.

6. Stillbeschäftigung

Wer noch die Zeit der *Zwergschulen* erlebt hat (vier Klassen in einem Raum), kennt die damalige Bedeutung der *Stillbeschäftigung* für die Durchführung des Unterrichts. Heutzutage verfügt jede Klasse über einen (wenn auch oft viel zu kleinen) eigenen Raum, aber da es beim Ein-Lehrer-System weitgehend geblieben ist, hat sich am entsprechenden Bedarf nur hinsichtlich der Schülerzahlen etwas geändert: Anstelle ganzer Klassen müssen jetzt einzelne Schüler still beschäftigt werden.

Wie der Name schon sagt, geht es bei der Stillbeschäftigung darum, dass sich der Schüler mit einer bestimmten Aufgabe still (also auch ohne weitere Anleitung) beschäftigt. Das infrage kommende Aufgabenspektrum umfasst entweder zusätzliche oder – im Vergleich zur Klasse – etwas anders geartete Aufgaben. Im erstgenannten Fall handelt es sich zumeist um *Zeitüberbrückungsaufgaben,* die beispielsweise dann infrage kommen, wenn einige Schüler schneller als andere eine Klassenarbeit erledigt haben.

Darauf hat sich auch die Lehr- und Lernmittelindustrie eingestellt und bietet entsprechende Materialien unter aufmunternden Titeln wie *Lückenfüller und Launenretter* an. Käufliche Produkte haben allerdings den Nachteil, dass sie sich nur bedingt auf den aktuellen Unterricht und so gut wie gar nicht auf die individuelle Situation eines Schülers beziehen können. Auf der anderen Seite sind die zur bloßen Zeitüberbrückung hergestellten Unterlagen zumeist so allgemein verständlich, dass die fehlenden Bezüge kein größeres Problem darstellen.

Anders sieht es aus, wenn es um eine eigenständige Beschäftigung mit *zieldifferenten* Lernangeboten geht, deren Akzeptanz nicht zuletzt vom Vorhandensein engerer persönlicher Bezüge abhängt. Allerdings verhält es sich im Stillbeschäftigungsbereich so, dass auch mit selbst hergestellten Materialien nicht mehr als eine größere Annäherung erreicht werden kann.

Nach eigener Einschätzung habe ich dieses Problem noch am besten bei der Konzeption meiner Schreibordner zu lösen vermocht, deren Texte – auf der Grundlage entsprechender Erfahrungen – unter dem Gesichtspunkt ausgesucht worden sind, dass die dort behandelten Themen auch von den Integrationsschülern als interessant empfunden werden. Doch zunächst einmal soll die Idee als solche vorgestellt werden: Die Anlage der *Schreibordner* geht auf die Entdeckung zurück, dass gerade lernschwache Schüler gern abschreiben. Mit anderen Worten ist das Abschreiben bei ihnen fast genauso beliebt wie das Ausmalen. Die Freude an dieser Tätigkeit wird auch nicht dadurch getrübt, dass die abgeschriebenen Texte oft nur lückenhaft (und manchmal auch gar nicht) verstanden werden.

Doch dagegen lässt sich ja etwas tun. Überwiegend gute Erfahrungen habe ich mit einem kleinen Drei-Punkte-Programm sammeln können, das nach dem (fehlerfreien) Abschreiben eines Textes zum Einsatz kam:

1. Alle unbekannten Wörter werden schon während des ersten Vor- oder Durchlesens unterstrichen.
2. Die Bedeutung der unbekannten Wörter wird geklärt (z. B. durch Nachfragen oder mithilfe eines (elektronischen) Lexikons).
3. Verständnisprobe: Die zu den Lehrerfragen passenden Sätze werden herausgesucht und – wenn möglich – zu einer aus eigenen Worten bestehenden Antwort umgewandelt.

Bei der Auswahl der Texte habe ich anfänglich auch nur auf äußerliche Kriterien (Länge der Texte bzw. der darin enthaltenen Wörter) geachtet, musste aber – vor allem im Rahmen des Texterschließungsprogramms – schnell feststellen, dass nicht jeder Kurztext auch ein guter (sprich: geeigneter) Text ist.

Als besonders anspruchsvoll erwiesen sich die älteren Schüler, die eine interessantere Textauswahl einforderten. Was dabei am Ende herauskommen kann, soll am Beispiel eines Unterbereiches aus dem Ordner *Lebensgestaltung* einmal in aller Ausführlichkeit (d. h. mit sämtlichen Zwischenüberschriften) dargestellt werden:

Schreibordner S 1: Lebensgestaltung
Unterbereich 2: Freizeit
  2.1 Kicken stärkt Leib und Seele
  2.2 Blumen pressen
  2.3 Moderne Schatzsuche: Geocaching
  2.4 Fit mit Hund
  2.5 Winterspaß
  2.6 Wandern
  2.7 Walking
  2.8 Yoga
  2.9 Grillen
  2.10 Batiken
  2.11 Flohmarkt
  2.12 Hilfe für Pedalritter
  2.13 Hochseilgarten
  2.14 Tretboot fahren und Rudern

2.15 Selbst gepflückt (Erdbeerernte)
2.16 Pfadfinder
2.17 Picknick
2.18 Spiel und Spaß – nicht nur am Computer
2.19 Inlineskaten
2.20 Scherenschnitt

Dem aufmerksamen Leser wird nicht entgangen sein, dass einige Themen bzw. Vorschläge höchstens ausnahmsweise zum Freizeitbereich benachteiligter Schüler gehören. Damit scheint die Absicht, den lernentwöhnten Schülern interessante Texte anbieten zu wollen, von mir selbst unterlaufen worden zu sein. Dieses auf den ersten Blick widersprüchliche Vorgehen hat sich aus der Annahme ergeben, mit der Anlage von Schreibordnern gleichzeitig auch pädagogische Erschließungsziele verfolgen zu können, d. h. in diesem Fall ein Vertrautmachen der Schüler mit Beschäftigungsmöglichkeiten, die sie bislang nur wenig oder gar nicht kannten.

Ein solcher Prozess lief fast immer folgendermaßen ab: Die Schüler, die den abzuschreibenden Text immer selbst auswählen konnten, entschieden sich zunächst für eine Kombination aus interessant klingendem Titel und kurzem Text. Wegen der (in allen Ordnern) allmählich ansteigenden Textmenge blieb es nicht aus, dass die Schüler, wenn sie möglichst lange bei den kürzeren Texten bleiben wollten, auch auf diejenigen zurückgreifen mussten, deren Titel nicht sonderlich viel versprechend klangen. In diesen Fällen erfüllten die jeweils damit einhergehenden Textverständnisübungen den zusätzlichen Zweck, den Schülern die bislang ganz oder weitgehend unbekannten Beschäftigungsmöglichkeiten so realitätsnah wie möglich zu erschließen.

Aufschlussreiche Gespräche kamen auch dann zustande, wenn eine Seite zwei (kurze) Texte zum selben Thema enthielt. Je nach den Gegebenheiten konnten die dadurch schon möglichen Vergleiche zu einer Entdeckung unterschiedlicher Schwerpunktsetzungen und/oder Meinungen führen. Vor allem im letztgenannten Fall war eine erste Basis für die Entwicklung eines kritischen Medienbewusstseins gegeben.

Lernmöglichkeiten organisatorischer Art ergaben sich durch die Aufbewahrung der abgeschriebenen Texte, wobei es wie bei den Karteikästen für die sachkundlichen Lesekarten um die Anlage eines kleinen Nachschlagewerkes ging: Die fertigen Texte kamen in einen Ordner, der ein beschreibbares ABC-Register im DIN-A4-Format enthielt. Zunächst wurde nur nach den Anfangsbuchstaben abgeheftet, aber am Ende eines Schuljahres erfolgte auch eine Binnensortierung. Dadurch war es abschließend möglich, die Titel der gesammelten (auch aus anderen Bereichen stammenden) Texte in der

richtigen Reihenfolge wie ein Inhaltsverzeichnis auf dem jeweiligen Buch-
stabenblatt zu notieren.

Es versteht sich von selbst, dass die Schüler ausdrücklich dazu ermuntert wurden, nach ergänzenden Bild- und/oder Schriftmaterialien Ausschau
zu halten. Der über das Fachliche hinausgehende Wert aller selbstständig
beschafften Informationen bestand in der dadurch zum Ausdruck gebrach-
ten Bereitschaft, sich aktiver als bisher am Lernprozess beteiligen zu wollen.

Bei entsprechender Würdigung kann sich aus der partiellen Übernahme
von Eigenverantwortung eine schrittweise Veränderung der Einstellung zum
Lernen ergeben. Allerdings dürfte auch klar sein, dass vereinzelte Erfolgserlebnisse bei Kindern, die – aus welchen Gründen auch immer – das Lernen
verlernt haben, noch keine grundlegenden und dauerhaften Änderungen
hervorbringen.

Aber nicht nur die Menge der Erfolgserlebnisse ist entscheidend, sondern auch der damit zu erzielende Grad an Beachtung. Nun haben es aber
gerade Stillbeschäftigungsübungen so an sich, dass sie eher im Verborgenen
ablaufen und dementsprechend auf öffentlichkeitswirksame Präsentationen
angewiesen sind.

Hinsichtlich des o. a. Beispiels könnte dies die Anlage eines für die ganze
Klasse bestimmten Nachschlagewerkes sein. Die abgeschriebenen Texte lassen sich aber auch als Vorlagen für Kurzreferate nutzen, wobei – wie ich aus
eigener Erfahrung bestätigen kann – die zugehörige Stichwortsammlung
noch nicht einmal schriftlich festgehalten werden muss, wenn sich die vor-
zutragenden Gedanken auch zeichnerisch darstellen lassen.

Völlig andere Verwertungsmöglichkeiten ergeben sich aus den zur Förderung der Konzentrationsfähigkeit zusammengestellten Materialien. Das
gilt insbesondere für den auf Regeln basierenden Farbgestaltungsbereich,
zu dem Musterbänder, Mandalas, aber auch Motive wie das nachfolgende
Unterwasserbild gehören.

Die in diesem Fall einzuhaltende Farbgestaltungsregel lautet: Die Wasser-
streifen werden abwechselnd blau und grün ausgemalt, während die Fische
(speziell die einzelnen Schuppen) so bunt wie möglich zu gestalten sind.
Auf diese Weise entsteht der Eindruck, als ob die Fische im Wasser leuchten
würden.

Wenn die Schüler damit einverstanden sind, kann man das fertige Bild
in vier Querstreifen zerlegen und diese anschließend halbieren. Aus diesem
Material lassen sich sehr ansprechende Lesezeichen herstellen, die (laminiert)
beispielsweise an Mitschüler verschenkt werden können.

Geeignete Geschenkanlässe lassen sich relativ leicht finden bzw. schaffen.
Geburtstage bieten sich sozusagen von selbst an, aber es ist z. B. auch mög-

Abb. 9: Motiv eines Unterwasserbildes (Eigenentwurf)

lich, einmal im Monat einen *Tag der netten (bzw. lobenden) Worte* durchzuführen. Als Träger der schriftlich zu formulierenden Botschaften kommen
neben Zeichnungen, Briefen und Karten auch die Rückseiten der soeben
vorgestellten Lesezeichen infrage, wobei sich die jeweiligen Empfänger am
einfachsten nach dem *Julklapp-Prinzip* ermitteln lassen.

Manchmal reicht allein schon die Existenz der mit Konzentrationsübun-
gen angefüllten Stillbeschäftigungsordner aus, um den Integrationsschülern
ein gewisses Maß an Beachtung zu sichern. Schließlich gibt es eine ganze
Reihe von Übungen (Punktebilder, Bildvergleiche, Geheimschriften, Vexier-
bilder, Schattenrisse etc.), die auch für die meisten Mitschüler attraktiv sind.

In der Praxis hat sich folgendes Verfahren bewährt: Nach Fertigstellung
eines entsprechenden Arbeitsblattes wird das (unbearbeitete) Original gleich
mehrfach kopiert, wobei die Kopien nach Interesse und Bedarf verteilt bzw.
zur Abholung bereit gelegt werden. Da sowohl das Original als auch das
Lösungsblatt im Lehrerordner verbleiben, erhält das fertige Schülerarbeitsblatt
eine zusätzliche Bedeutung als einzige permanent zur Verfügung stehende
Kontrollmöglichkeit.

Mit dem Weiterreichen der für die Integrationsschüler konzipierten
Materialien ist erneut eine Situation gegeben, wie ich sie schon einmal im
Zusammenhang mit der Einführung von Gruppenpantomimen (siehe Kapitel *Gemeinschaftspädagogik* und *Verhaltenstraining*) beschrieben habe: Die
Klasse hat (zumindest mehrheitlich) dem Integrationsschüler etwas Schönes
zu verdanken. Solche Win-win-Konstellationen sind es, die den Integrationsprozess besonders nachhaltig befördern: Der Zuwachs an Selbstvertrauen
auf der einen Seite geht mit einem Zuwachs an Akzeptanz auf der anderen
Seite einher.

E Zusammenfassung und Ausblick

Wie bereits im Vorwort angekündigt worden ist, soll an dieser Stelle der Versuch unternommen werden, die bislang verstreut dargestellten (Wesens-) Merkmale der Instandsetzungspädagogik zu einem konzeptionellen Entwurf zusammenzufügen. Im Anschluss daran werden wichtige (zumeist noch nicht gegebene) Voraussetzungen sowie anderweitig erprobte Projekte vorgestellt, die gut zu dem von mir entwickelten Modell passen würden.

1. Konzeptioneller Rahmen

Die Instandsetzungspädagogik beruht auf vier Säulen. Dabei handelt es sich um Interventionsbereiche mit unterschiedlichen Schwerpunkten (Beziehungspädagogik, Gemeinschaftspädagogik, Lernzugangspädagogik und Beratungspädagogik), wobei die Instandhaltungspädagogik wegen ihres dauerhaften bzw. umfassenden Charakters als säulentragendes Element verstanden wird. Ausgangspunkt aller hier entwickelten Vorstellungen ist die Überzeugung, dass es immer mehr Schüler gibt, die das Lernen verlernt und dementsprechend auch keinen Lernwillen mehr haben.

Hauptziel der instandsetzungspädagogischen Bemühungen ist die inner- und außerschulische Integration der im eben beschriebenen Sinne gehandicapten Schüler. Das wegen der schlechten beruflichen Perspektiven zu formulierende Minimalziel lautet: Befähigung zur Führung eines teilhabenden, würdevollen (möglichst selbst bestimmten) und geregelten Lebens.

Die wichtigsten der aus dem Hauptziel abzuleitenden *Grobziele* (Ich-Stärkung sowie nachträglicher Erwerb einer Gemeinschafts- und Lernfähigkeit) sind als interaktive Ziele zu verstehen, die – als Teil veränderter Rahmenbedingungen – nur unter dieser Voraussetzung zum Leitziel Integration führen können (vgl. Abb. 2).

Die ersten etwas genaueren Zielbestimmungen sind von mir in zwei Gruppen aufgeteilt worden (persönlichkeitsorientierte und leistungsorientierte Ziele), obwohl diese in der Praxis oftmals nicht voneinander zu trennen sind.

Zur Erinnerung dürfte eine wiederholende Darstellung ohne erläuternde Zusätze ausreichen:

Persönlichkeitsorientierte Ziele
a. Entwicklung selbststabilisierender Eigenschaften
b. Entwicklung empathischer Fähigkeiten
c. Entwicklung neuer Handlungsmuster
d. Übernahme von Eigenverantwortung
e. Übernahme von Fremdverantwortung

Leistungsorientierte Ziele
a. Stärkung des Konzentrationsvermögens
b. Aneignung von Ablage- und Sortiertechniken
c. Verbesserung des Arbeitsverhaltens
d. Erleben von Lernerfolgen

Hinsichtlich des Ausgangspunktes (Annahme einer erworbenen Lernunfähigkeit) nimmt das als *Erleben von Lernerfolgen* bezeichnete Ziel eine ganz besondere Rolle ein. Dementsprechend beziehen sich die als *Zugangsebenen* bezeichneten methodischen Überlegungen genau auf diesen Punkt. Der Begriff *Zugangsebenen* soll verdeutlichen, dass es bei den zentralen Methoden um die Erschließung neuer Umgangs- und Vermittlungswege geht. Die nachfolgende Aufzählung stellt eine Komplettierung der im Vorwort nur zur Hälfte erwähnten Liste dar:

Übergeordnete Zugangsebenen
1. Emotionalisierung der Lernprozesse
2. Intensivierung schulischer Beziehungen
3. Erhöhung der Erfolgserlebnisrate
4. Einbeziehung der persönlichen Merkmale und Fähigkeiten der Schüler (Einbettungsprinzip)
5. Orientierung an der realen Lebenswelt der Schüler
6. Mitwirkung bei der inhaltlichen Gestaltung der Lernprozesse
7. Agieren im Rahmen benotungsfreier Unterrichtsinhalte
8. Übernahme diverser Hilfsfunktionen durch Mitschüler
9. Rollenwechsel (Schülerinterventionen und -bewertungen)
10. Eigenherstellung möglichst individueller Unterrichtsmaterialien

Wie an den im Hauptteil des Buches geschilderten Beispielen bereits deutlich geworden ist, hängen alle weiteren Methoden so sehr von der jeweils gegebenen Situation ab, dass ein darauf bezogener Katalog nicht erstellt werden kann. Eine vergleichbare Einschränkung gilt auch für die Inhalte, weshalb die nachfolgenden Zusammenfassungen der Interventionsbereiche nur im Fall der *Beratungspädagogik* eine Liste mit Themenschwerpunkten enthalten.

2. Pädagogische Kernbereiche

Beziehungspädagogik

Die inhaltlichen Schwerpunkte der Beziehungspädagogik ergeben sich aus den jeweils vorliegenden Beziehungsstörungen. Im Falle aggressiv auftretender Schüler besteht die größte Herausforderung zunächst darin, das in aller Regel stark provozierende Verhalten zu ertragen und sich als unzerstörbar zu erweisen.

Eine solche Art der Zuwendung verlangt den Lehrern sehr viel ab. Die beste Unterstützungsstrategie bestünde in der permanenten Anwesenheit einer zweiten Lehrkraft. Solange diese nicht vor Ort ist, bleibt nur die häufige Vergegenwärtigung zweier Sachverhalte:

1. Störende Schüler in dem hier gemeinten Sinne sind ausnahmslos erst einmal selbst Opfer gewesen.
2. Störendes Verhalten ist eine Sicherheit verleihende Re-Inszenierung vertrauter Situationen.

Wenn das Aushalten gelingt, ist eine Vermittlung neuartiger (also positiv besetzter) Beziehungserfahrungen möglich. Auf dieser Grundlage kann mit der *nachholenden* Erziehung begonnen werden, die neben den verhaltensmodifizierenden Maßnahmen auch andere sehr elementare Bereiche (z. B. Essgewohnheiten) umfassen muss. Die entsprechenden Vorschläge sind anderen Bereichen zugeordnet worden, da es sich bei der Beziehungspädagogik hauptsächlich um ein (allerdings zeitlich und personell durchgängig zu beachtendes) Unterrichtsprinzip handelt.

Dem Kind zugewandte Beziehungsangebote können sich in vielfältiger Form ausdrücken (Unbeirrbarkeit, Gesprächsbereitschaft, Zuverlässigkeit, Mitleid, Geduld etc.). Dazu gehört auch – und zwar nicht zuletzt – der von den Lehrern praktizierte Umgang mit Materialien und Themen, die – in Verbindung mit dem Überlassen eines eigenen Gestaltungsspielraumes – vor allem das So-Sein der Schüler aufgreifen sollten.

Wertvolle Ergänzungen der schulischen Beziehungsangebote können sich aus dem Kontakt mit außerschulischen Co-Erziehern ergeben. Dabei kommt es (vielleicht wegen des Wegfalls der Notengebung) gar nicht so selten vor, dass die Schüler in diesem Umfeld schneller als in der Schule höchst erfreuliche Erfolgserlebnisse für sich verbuchen können.

Gemeinschaftspädagogik

Der inhaltliche Schwerpunkt der Gemeinschaftspädagogik liegt auf dem Erwerb sozialer Kompetenzen, die es den (bei Schuleintritt) beziehungs- und/oder verhaltensgestörten Schülern ermöglichen, ihr Außenseitertum zu überwinden. Diesbezügliche eigene Beiträge können vor allem von den ADHS-Kindern erwartet werden, da sie in einem besonderen Maße unter ihrem Anderssein leiden.

Hinsichtlich der genannten Ziele unterscheidet sich die Gemeinschaftspädagogik kaum von anderweitigen Verhaltensmaßnahmen. Die tatsächlich bestehenden Unterschiede beziehen sich mehr auf den methodischen Bereich. Als wichtigste Unterschiede seien genannt: Gewährung langer Zeiträume (gilt allerdings auch für die anderen Interventionsbereiche), Ausführungsvielfalt hinsichtlich einzelner Maßnahmen (vor allem im Zusammenhang mit Eigenkontrolle, -bewertung und pantomimischen Übungen) sowie das (nachfolgend wiederholte) dreistufige Vorgehen zur Ermöglichung eines friedlicheren Umgangs miteinander:

a) Aufbau einer vertrauensvollen Beziehung zum erwachsenen Integrationspartner (z. T. im Rahmen eines Einzelunterrichts)
b) Aufbau einer entspannten Beziehung zu einzelnen Mitschülern
c) Aufbau einer achtsam-achtungsvollen Beziehung zur ganzen Klasse

Obwohl das Verfahren aus der Sichtweise der zu integrierenden Schüler formuliert worden ist, darf daraus nicht der Schluss einer einseitig zu unternehmenden Anstrengung abgeleitet werden. Ganz im Gegenteil gehört das Mitmachen aller Beteiligten zu den Grundvoraussetzungen einer erfolgreichen Integration.

Diese kann auch aus anderen Gründen gefährdet sein: Neben unstrittigen Zielen (z. B. Fähigkeit zur Einhaltung von Regeln) gibt es auch solche, bei denen ein Auseinanderklaffen von Anspruch und Wirklichkeit festzustellen ist. Das gilt in besonderem Maße für diejenigen Normen, die im Widerspruch zum heutigen Verständnis einer Leistungsgesellschaft stehen. Wo anstelle von Mitmenschlichkeit der Gebrauch von Ellbogen die vorherrschende Handlungsmaxime ist, können integrative Bemühungen nicht gedeihen. Vergleichbare Wirkungen gehen von den immer noch häufigen einseitigen Schuldzuweisungen aus. Nicht zuletzt diese Zusammenhänge sind gemeint, wenn die Integration auch als große *Infragestellerin* bezeichnet wird.

Lernzugangspädagogik

Bei der Lernzugangspädagogik handelt es sich um den inhaltlichen Kernbe-
reich der Instandsetzungspädagogik, d. h. dass alle anderen (ohnehin nicht
scharf voneinander zu trennenden) Bereiche (Beziehungspädagogik, Gemeinschaftspädagogik und der schulinterne Teil der Beratungspädagogik) im
Dienste der Lernzugangspädagogik stehen. Mit anderen Worten wird auch
hier der Bildung eine Schlüsselrolle zugesprochen, wenn es um die Schaffung
einer integrativen Lebensperspektive geht.

Diese grundsätzliche Übereinstimmung bedeutet allerdings nicht, dass
die derzeit übliche *Bildungsgläubigkeit* geteilt wird. Dagegen stehen die nachfolgenden Überlegungen:

1. Neben einer schicksalsbedingten Lernunlust gibt es auch eine schulbe-
    dingte Lernunwilligkeit, die sich auf alle gängigen Lerninhalte erstrecken
    kann. Ohne Berücksichtigung dieser Ausgangslage lassen sich Bildungs-
    prozesse häufig gar nicht mehr in Gang setzen.
2. Die überwiegend lebensfremden Bildungsinhalte bringen die auf eine
    Förderung besonders angewiesenen Schüler nicht wirklich weiter. Hinzu
    kommt, dass im Zuge der Überbetonung kognitiver Inhalte die für eine
    Persönlichkeitsentwicklung so wichtigen musischen und sportlichen
    Angebote stark reduziert worden sind.
3. In hochproduktiven Industriegesellschaften sind bessere Bildungsab-
    schlüsse kein Garant für den Erhalt eines unbefristeten Arbeitsplatzes
    mit auskömmlicher Entlohnung. Die Nichtvorbereitung auf eine mehr
    oder weniger beschäftigungslose Lebenssituation stellt ein schweres Ver-
    säumnis dar, das sowohl zu Lasten des Individuums als auch zu Lasten
    der gesellschaftlichen Integration geht.

Wenn trotz der eher düsteren Aussichten die Aneignung einer individuell
größtmöglichen Bildung als besonders wichtig erachtet wird, dann deshalb,
weil – wie schon die Altvorderen wussten – Bildung ein Wert an sich ist.
Anders ausgedrückt: Bildung ist ein (erweiterungsfähiger) Schatz, der nicht
nur denen zugänglich gemacht werden sollte, die ohnehin mit den entsprechenden Privilegien (vor-)ausgestattet sind. Dementsprechend darf Bildung
nicht auf die Funktion eines Mittels zur Beförderung der Karriere reduziert
werden.

Daraus folgt, dass es im hier vorliegenden Bildungsverständnis nicht in erster Linie um den Erwerb eines (abfragbaren) Wissens, sondern um die Fähigkeit gehen sollte, die vermittelten oder selbst erworbenen Informationen in
gedankliche Zusammenhänge stellen zu können. Damit sind sowohl die fach-
bezogenen Verbindungen (z. B. Verknüpfung von Klimadaten mit geschicht-

lichen Ereignissen) als auch die sehr persönlichen Bezüge (Bedeutung der Informationen für das eigene Leben bzw. die eigene Lebensführung) gemeint.

Für die aus bildungsfernen Elternhäusern stammenden Schüler ist der bis dahin führende Weg mindestens doppelt so lang wie für die besser situierten Mitschüler. Zum einen müssen sie erst einmal in die Lage versetzt werden, überhaupt wieder lernen zu können bzw. zu wollen und zum anderen stehen ihnen außerschulische Hilfen nur in einem relativ geringen Umfang zur Verfügung.

Besonders schwer (und zwar für alle Beteiligten) ist das Beschreiten dieses Weges immer dann, wenn sich bereits ein tiefsitzendes Gefühl der Sinn- und Wertlosigkeit eingenistet hat. Um aus diesem Tal der Mutlosigkeit wieder herauszukommen, bedarf es – um nur die wichtigsten der auf die Unterrichtsgestaltung bezogenen schulinternen Voraussetzungen zu nennen – der Vermittlung möglichst *vieler* Erfolgserlebnisse, des Vorhandenseins einer nicht so leicht zu erschütternden Akzeptanzbereitschaft sowie der Bereitstellung eines Lernangebotes, das sich in vielerlei Hinsicht an den Persönlichkeitsmerkmalen der zu integrierenden Schüler orientiert.

Dabei versteht es sich von selbst, dass ein verloren gegangenes Lerninteresse nur dann wieder entfacht werden kann, wenn die neuen Lernangebote Spaß machen bzw. kaum als solche empfunden werden. Diese Effekte lassen sich am besten durch einen permanenten Einbettungsprozess erzielen, der entweder in einem direkten Zusammenhang mit den Schülern steht oder sich aus gemeinsam erschlossenen inhaltlichen Klammern ergibt.

Zur *Emotionalisierung* der Lernprozesse gehört aber auch das den Schülern zu vermittelnde Gefühl, geachtet und geschätzt zu werden. Hierfür stehen relativ viele Möglichkeiten (Lob, Verständnis, Höflichkeit etc.) zur Verfügung, von denen nicht die schlechteste in einer Präsentation selbst gefertigter Unterrichtsmaterialien besteht. Eigeninitiativen, die von den Schülern ausgehen, bewirken darüber hinaus ein direktes Erleben positiver Gefühle (Stolz, Selbstbewusstsein, Zufriedenheit etc.).

Hinsichtlich der erwähnten Mitbestimmungs- und Eigenkontrollmöglichkeiten spielt vor allem das (als Erwartung gemeinte und im Laufe der Zeit größer werdende) Zutrauen eine ganz entscheidende Rolle. Immer dann, wenn sich eine derartige Erwartung erfüllt hat, ist dem Schüler eine große Leistung gelungen, die aber wegen des vorherrschenden einseitigen (d. h. auf kognitive Resultate bezogenen) Leistungsverständnisses oft nicht gebührend gewürdigt wird.

Aus dem zur Wiederherstellung der Lernfreude entwickelten Ansatz ergeben sich etliche Unterschiede zum derzeitigen normalen Unterricht. Dabei stehen drei Merkmale im Vordergrund:

1. Das erweiterte Leistungsverständnis, bei dem es um ein Er- und Anerkennen auch derjenigen Leistungen geht, die im *vorkognitiven* Bereich erbracht werden.
2. Die Vorstellung, dass es sich bei den genannten Zielen immer um interaktive Ziele handelt, d. h. um Ziele, an deren Verwirklichung alle jeweiligen Aktionspartner zu beteiligen sind.
3. Die Hereinnahme einer *seelischen Dimension,* worunter die zumeist leidvolle Vorgeschichte der Integrationsschüler zu verstehen ist. Lehrer können diese Dimension nicht im Sinne einer psychotherapeutischen Behandlung berücksichtigen, wohl aber in Form einer häufigen Vergegenwärtigung der Tatsache, dass die mit Lern- und Verhaltensproblemen kämpfenden Kinder schuldlos in eine für alle Beteiligten schwierige Situation geraten sind.

Als besonders integrationsfördernd haben sich die mit schauspielerischen Darstellungen befassten Vorhaben herausgestellt. Diese können ohnehin geplant sein, wirken aber noch besser, wenn sie in Form einer Win-win-Konstellation (d. h. einer Situation, bei der die Klasse speziell dem Integrationsschüler etwas Schönes zu verdanken hat) auf den Weg gebracht worden sind.

Beratungspädagogik
Mit den der Beratungspädagogik zugeordneten Inhalten scheinen im Laufe der Schulzeit ganz unterschiedliche Zielsetzungen verfolgt zu werden: Während es in den Anfangsjahren hauptsächlich um das Erlernen gemeinschaftstauglicher Fähigkeiten und Fertigkeiten (einschließlich des Erlernens rudimentärer Benimmregeln) geht, liegt der Schwerpunkt der späteren Beratungstätigkeit eindeutig auf dem Erwerb individueller Lebensführungskompetenzen.

Tatsächlich sind die genannten Zielsetzungen immer miteinander verwoben: Schwierige Schüler können gar nicht gemeinschaftstauglich werden, wenn sich die entsprechenden Interventionsbemühungen nicht konsequent am So-Sein des Individuums orientieren. Umgekehrt gilt, dass die Vermittlung individueller Lebensführungskompetenzen nicht nur dem Einzelnen, sondern der gesamten Gesellschaft zugute kommt.

Deshalb ist es sinnvoller, die angebotenen Inhalte – wenn überhaupt – nach der jeweiligen Dringlichkeit zu sortieren: Den Kulturtechniken vergleichbar stehen auch im Beratungsbereich erst einmal die Basisqualifikationen (Hygiene, Tischmanieren, (Spiel-)Regeln) im Vordergrund. Auf dieser Grundlage geht es dann an die stückweise Erschließung der Erwachsenenwelt.

So wichtig berufliche Eingliederungsmaßnahmen in diesem Zusammenhang auch sind, reichen sie für einen möglichst guten Start in das nachschulische Leben nicht aus. Dies gilt in besonderem Maße für die Integrationsschüler, aber auch die anderen Schüler könnten von einem erweiterten Verständnis der lebensvorbereitenden Aufgaben profitieren.

Hinzu kommt, dass eine gemeinsame Vorbereitung schon als solche eine integrative Wirkung entfaltet. Mögliche Themenschwerpunkte können sein:
– Bewerbung/Vorstellung
– Arbeitsrechte und -pflichten
– Informationsbeschaffung und -anwendung
– Erscheinungsbild/Körpersprache
– Partnersuche/Freundschaft
– Internetgefahren und -süchte
– Gesundheitsvorsorge/Freizeit
– Haushaltsgründung und -führung
– Säuglingspflege/Kindererziehung
– Geldverwaltung/Schuldenabbau
– Verträge/Versicherungen
– Integration/Menschenrechte

Es versteht sich von selbst, dass ein so umfangreiches Themenspektrum nur dann in der gebotenen Ausführlichkeit erarbeitet werden kann, wenn viele der bislang üblichen Unterrichtsinhalte komplett wegfallen. Die damit verbundenen Umstellungsprobleme werden heftige Abwehrreaktionen hervorrufen, die aber im Interesse der Schüler in Kauf genommen werden sollten.

Unter besonderer Berücksichtigung eines möglichen Lebens in Armut wäre es gut, wenn für die mit ziemlicher Wahrscheinlichkeit davon betroffenen Schüler noch weitere (Lern-)Angebote hinzukämen (z. B. Wiederaufarbeitung von Materialien oder Durchführung computergestützter Preisvergleiche).

Schließlich sollte es auch darum gehen, den von lebenslanger Armut bedrohten jungen Menschen kulturelle Teilhabemöglichkeiten zu eröffnen. Verbilligte Eintrittskarten für Museen, Theater, Konzertsäle etc. bringen allerdings gar nichts, wenn die Schüler nicht zuvor gelernt haben, mit den dort anzutreffenden kulturellen Angeboten etwas anfangen zu können.

Geeignete Orte für diese besonderen Vorbereitungsaufgaben wären die (in Schulen leider noch nicht existierenden) permanenten Projektabteilungen. Obwohl das auch für die immer wieder angebrachten Wiederholungen (Instandhaltungspädagogik) und/oder verschiedene Angebote im Rahmen der Lernzugangspädagogik gilt, dürfen die vorgeschlagenen Projektabteilungen nicht als schulische Auslagerungsstätten (miss-)verstanden werden.

Ganz im Gegenteil soll es sich hierbei um klassenübergreifende Begegnungsstätten handeln, deren Projekte tendenziell allen Schülern offenstehen. Dabei stellen die speziell für die Integrationsschüler entwickelten Konzepte

kein Hindernis dar, wenn rechtzeitig auf eine Ausdifferenzierung der projektbezogenen Arbeitsaufträge geachtet wird.

3. Voraussetzungen

Unter den damals gegebenen Bedingungen stand von vornherein fest, dass
auch die auf eine instandsetzungspädagogische Art und Weise erzielten
Erfolge stets gefährdet waren. Dazu gleich das extremste Beispiel: Ein Jahr
lang habe ich einen als *unbeschulbar* geltenden Schüler den ihm zugewie-
senen Einzelunterricht erteilt. In dieser Zeit ist es gelungen, die anfänglich
bestehenden Verhaltens- und Lernprobleme erstaunlich schnell in den Griff
zu bekommen. Nach der Einzelunterrichtsphase wurde der Schüler über-
gangslos einer anderen Schule zugeteilt, an der sich die früheren Probleme
beinahe umgehend wieder einstellten.

Auch wenn derart drastische Rückentwicklungen nicht unbedingt die Regel
sind, weisen sie doch darauf hin, dass sich dauerhaftere Integrationserfolge
nicht auf der Grundlage vereinzelter Bemühungen erzielen lassen. Anders ausgedrückt: Ohne das Vorhandensein eines insgesamt integrationsfreundlichen
Umfeldes bleiben sämtliche Eingliederungsversuche immer nur Stückwerk.
Deshalb spielen die jeweils gegebenen Voraussetzungen gerade im Rahmen
des hier vorgelegten Konzepts eine so große Rolle. Dazu gehört die Frage,
ob sich an den damaligen Bedingungen zwischenzeitlich etwas grundlegend
geändert hat. Meines Erachtens ist das nicht der Fall, da die jetzt eingeführten
Schulreformen zu keiner wirklichen Überwindung der Integrationshemmnisse
geführt haben. Diese Einschätzung soll an einigen Beispielen erläutert werden:
– Die in mehreren Bundesländern mittlerweile erfolgte Verschmelzung von
  Haupt- und Realschulen hebt den selektiven Charakter des deutschen
  Schulwesens nicht grundsätzlich auf, da die Gymnasien vollständig und
  die Sonder-/Förderschulen zu einem großen Teil noch lange beibehalten
  werden sollen.
– Die seit Jahrzehnten praktizierte Aufteilung in Regel- und Sonderschulen
  hat ein pädagogisches Selbstverständnis hervorgebracht, das sich als ein
  auch in beruflicher Hinsicht bestehendes Spartendenken beschreiben lässt.
  Hinzu kommt die an deutschen Schulen nur mangelhaft entwickelte Team-
  Kultur, die ein Ergebnis der permanenten personellen Unterbesetzung ist.
– Neben der personellen ist – abgesehen von einigen Ausnahmen – auch
  die sächliche und räumliche Ausstattung noch immer so unzureichend,
  dass bereits der normale Schulbetrieb nur mühsam bewältigt werden
  kann. Vor diesem Hintergrund bringt jeder zusätzliche Aufwand einen
  enormen Anstieg der zu verkraftenden Belastung mit sich.

- Eine wirkliche *Beheimatung* der zu integrierenden Schüler macht auch inhaltliche Neuausrichtungen erforderlich, mit denen angesichts der weitgehend noch immer praktizierten Trennung von Erziehung und Unterricht sowie der traditionellen Bevorzugung kognitiver Lerninhalte allerdings am allerwenigsten zu rechnen ist.
- Parallel zu den eher symbolischen Integrationsbemühungen laufen die aktuellen Bildungsreformen auf eine Ökonomisierung des Schul- und Hochschulwesens einschließlich der damit verbundenen (auf den eigenen Vorteil bedachten) Wertvorstellungen hinaus. Insbesondere die Verschärfung des Benotungs- und Kontrolldrucks führt (nicht zuletzt bei vielen Eltern) zu einem integrationsfeindlichen Elitedenken.
- Das deutsche Schulwesen hat bis heute keine nennenswerte *demokratische Kultur* hervorgebracht. Die für Lehrer und Schüler bestehenden Mitbestimmungsrechte sind so beschaffen, dass neuartige Entwicklungen oft nur unter Missachtung behördlicher Erlasse und anderer Vorschriften eingeleitet werden können.

Aus den für eine möglichst erfolgreiche (d. h. möglichst umfassende und dauerhafte) Integration derzeit überwiegend *nicht* gegebenen Voraussetzungen kann im Umkehrschluss abgeleitet werden, welche Prämissen die Instandsetzungspädagogik benötigt, um *funktionieren* zu können. In Kurzform liest sich das so:
- Einführung einer Einheitsschule
- Entwicklung einer Team-Kultur
- Verbesserung der personellen, sächlichen und räumlichen Ausstattung
- Entrümpelung der Rahmenpläne zugunsten lebensgestaltender und musischer Unterrichtsinhalte
- Zurückdrängung des privatwirtschaftlichen Einflusses und (Neu-)Schaffung größerer kontroll- und benotungsfreier Zonen
- Ausstattung der Schulen mit nennenswerten Mitbestimmungsrechten für Schüler und Lehrer

Die auf die Unterrichtsgestaltung bezogenen schulinternen Voraussetzungen wurden bereits genannt (Ermöglichung zahlreicher Erfolgserlebnisse, Akzeptanzbereitschaft sowie Orientierung an den Persönlichkeitsmerkmalen der Schüler). Zu den weiteren förderlichen Voraussetzungen gehört das Vorhandensein eines unterstützungswilligen Klimas, worunter die sowohl von den Lehrern als auch die von den Mitschülern gezeigte Bereitschaft zu verstehen ist, den Integrationsschülern auf ihrem schwierigen Weg der nachträglichen Aneignung von Lern- und Verhaltenskompetenzen beistehen zu wollen.

Die noch nicht genannten Voraussetzungen beziehen sich speziell auf
die Lehrer:
- Aneignung psychologisch fundierter Erkenntnisse und Strategien
- Bereitschaft zum Rollentausch (d. h. Kontrolle des Lehrerverhaltens durch
  die Schüler)
- Übernahme einer Vorbildfunktion auch hinsichtlich äußerlicher Merkmale wie Ordnung oder Schönheit der Materialien

Für Lehrer, die aus den zuvor dargelegten Gründen viele Unterrichtsmaterialien selbst herstellen wollen, käme noch ein weiteres Element hinzu. Damit ist
die Bereitschaft gemeint, einen sehr großen Teil der Freizeit (Wochenenden
und Ferien) zu opfern, um die entsprechenden Vorhaben überhaupt durchführen zu können.

Spätestens an dieser Stelle dürfte deutlich geworden sein, dass die Instandsetzungspädagogik dem derzeitigen Schulbetrieb nicht als eine Art Zusatz-
funktion aufgepfropft werden kann. Hinsichtlich des übergeordneten Ziels
gilt stattdessen: Ohne eine gründliche Revision des (deutschen) Schulwesens
ist eine auf Dauer angelegte Integration nicht zu haben.

4. Erweiterungsmöglichkeiten

Mit den nachfolgenden Beispielen geeigneter Erweiterungsmöglichkeiten sind
vor allem Projekte gemeint, die sich als ziemlich erfolgreich erwiesen haben,
aber gleichzeitig auch als Indikatoren für die (nicht zuletzt emotionalen)
Mängel des derzeitigen Schulsystems verstanden werden können. Deshalb
üben sie – wenn auch sicherlich ungewollt – eine Alibifunktion aus, die von
der Notwendigkeit einer durchgreifenden Schulreform ablenkt.

Es wäre allerdings töricht, die projektbezogenen Positiverfahrungen wegen
solcher Entlastungsfunktionen zu negieren. Sehr viel mehr Sinn macht es, die
zweifellos guten Ansätze bei einer (sowohl strukturellen als auch inhaltlichen)
Umgestaltung des Schulwesens so weitgehend wie möglich einzubeziehen.

Bundesweit schon ziemlich bekannt sind die »Stadtteilmütter«. Dabei
handelt es sich um Mütter, die selbst einen sogenannten Migrationshinter-
grund haben und nach einer ca. halbjährigen Ausbildung damit beginnen,
Migrantenfamilien aufzusuchen, um diese (in ihrer jeweiligen Mutterspra-
che) darüber zu informieren, wo welche Hilfen beantragt bzw. beansprucht
werden können.

Gleichzeitig geht es immer auch darum, die Eltern von der Notwendigkeit bildungsfördernder Maßnahmen (Erwerb der deutschen Sprache, Kita-
Besuch oder Reduktion des Fernseh- bzw. Computerkonsums zugunsten

gemeinsamer Spiele oder anderer gemeinsamer Aktivitäten) zu überzeugen. Die für den Schulbetrieb daraus zu ziehende Lehre betrifft vor allem den muttersprachlichen Ansatz, der auf eine gezielte Ausbildung bzw. Anstellung muttersprachlicher Lehrer hinausläuft.

In instandsetzungspädagogischer Hinsicht besteht der größte Vorteil der muttersprachlichen Lehrer darin, dass sie eine kontinuierliche persönliche Zuwendung gewährleisten können. Hinzu kommt die Kenntnis anderer Denkweisen, die im Falle stark voneinander abweichender Vorstellungen sehr zu einer Deeskalation beitragen kann.

Ähnliches gilt für behinderte Lehrer, die bislang erst recht nicht zum Zuge gekommen sind. Eventuellen Befürchtungen hinsichtlich eines dadurch ausgelösten Verdrängungswettbewerbs kann entgegengehalten werden, dass sich solche Sorgen bei einer durchgehenden Verwirklichung des Zwei-Lehrer-Prinzips (pro Klasse oder Gruppe) weitgehend erübrigen.

Lehramtsstudenten, denen der Praxisanteil während des Studiums zu gering war, haben in Berlin (die inzwischen hauptberuflich geleitete) Initiative *Studenten machen Schule* ins Leben gerufen. Ursprünglich ging es um die Vermittlung universitätstauglicher Fertigkeiten, aber das in den davon noch weit entfernten Klassen ebenfalls gezeigte Interesse war so groß, dass es mittlerweile ein sehr weit gefächertes Angebotsspektrum (z.B. Mediennutzung, Gedächtnistraining oder Entspannungsübungen) gibt.

Den veröffentlichten Rückmeldungen zufolge ist das Interesse der Schüler an den diesbezüglichen Projekten groß, da die Studenten – zumindest hinsichtlich der neuen Medien – als kompetenter und glaubwürdiger empfunden werden. Dieser Vorteil ließe sich auch im Zusammenhang mit den hier mehrfach erwähnten bzw. vorgeschlagenen permanenten Projektabteilungen nutzbar machen. Auf jeden Fall könnten die Studenten zu einem relativ raschen Aufbau dieser Abteilungen beitragen.

Einmal pro Jahr könnten die Projektabteilungen ein ganz großes Rad drehen, indem sich alle Schüler einer Schule an einem einwöchigen Planspiel (z.B. zum Thema *Wir planen eine Zeltstadt für Tausende von Armutsflüchtlingen*) beteiligen. Diese Idee geht zurück auf eine Initiative von Gerd Michelsen, der als Professor für Umwelt- und Nachhaltigkeitskommunikation an der Leuphana Universität Lüneburg ein von allen Studenten inhaltlich gemeinsam zu verbringendes Erstsemester eingerichtet hat, das mit einem einwöchigen Planspiel beginnt.

Als Beispiel für das Engagement großer Künstler sei das von Sir Simon Rattle ins Leben gerufene Education-Programm Zukunft@BPhil genannt. Bei allen diesbezüglichen (und mittlerweile schon zahlreichen) Projekten geht es darum, die Vielfältigkeit musikalischer Ausdrucksmöglichkeiten auch jenen

Menschen zu vermitteln, die über keinerlei (oder nur geringe) musikalische Erfahrungen verfügen. Dazu gehören auch Tanzprojekte wie das durch den Film *Rhythm Is It!* berühmt gewordene Beispiel einer mitreißenden Bühnenshow.

Derartige Vorhaben sind so bewunderns- und empfehlenswert, dass es schon schwer fällt, daran Kritik zu üben. Deshalb an dieser Stelle nur soviel: Sponsor des Education-Programms ist die Deutsche Bank, die somit die Aufgabe übernommen hat, das behördlich verordnete Zusammenstreichen des musischen Unterrichts auf finanzwirtschaftlichem Wege zu kompensieren.

Ein ganz spezielles Anliegen verbindet die mittlerweile oft schon fest etablierten Initiativen, die es sich zur Aufgabe gemacht haben, der allgemein beklagten Leseunlust durch Vermittlung von Lesepatenschaften entgegenzuwirken. Bei den Lesepatinnen und -paten handelt es sich um ehrenamtliche Kräfte, die gar nicht so selten aus dem familiären Umfeld der Schüler stammen. Aber auch ohne diese Anbindung gelingt es meistens, eine große Nähe entstehen zu lassen, sodass diese Art der Leseförderung grundsätzlich als Bereicherung angesehen werden kann.

Die dennoch gebotene Kritik bezieht sich dementsprechend auf ganz andere Aspekte. Damit ist nicht zuletzt der ehrenamtliche Aspekt gemeint, der deshalb etwas Fragwürdiges an sich hat, weil es – siehe Beispiel USA – auf die Dauer nicht gut geht, wenn staatliches Engagement immer mehr durch privates und/oder privatwirtschaftliches Engagement ersetzt wird.

Hinsichtlich der Auswirkungen besteht allerdings ein großer Unterschied zwischen Geld- und Zeitgebern: Während die Geldgeber früher oder später die ganze Richtung bestimmen können (und zumeist auch wollen), tragen die Zeitgeber – zumindest tendenziell – zu einer Einsparung von Arbeitsplätzen bei.

Die anderen hier gemeinten Aspekte hängen mit der Überlegung zusammen, dass über den Einsatz erwachsener Personen nicht vergessen werden darf, wie gut auch Kinder in der Lage sind, unterstützend zu wirken. Im Falle fortgeschrittener Kenntnisse kann die gegenseitige Hilfe bis zur Erarbeitung eigener Texte gehen, wie die Buchkinder Leipzig schon eindrucksvoll unter Beweis gestellt haben.

Aus instandsetzungspädagogischer Sicht besonders interessant wäre der Einsatz leseschwacher Schüler als Lesepaten. Infrage käme z. B. eine feste Verbindung mit einer Klasse (oder Gruppe), der einmal im Monat ein (entsprechend geübter) Text vorgelesen wird.

Auch das Jobpatenmodell kann so oder so gesehen werden: Einerseits als große Hilfe für die von Arbeitslosigkeit bedrohten Jugendlichen und andererseits als Bremsklotz, wenn es um die Frage der gerade auf diesem

Gebiet möglichen Festanstellungen geht. Hinzu kommt, dass die Jobpatinnen und -paten zwangsläufig mit einer Art Lebenslüge operieren müssen, da der Arbeitsmarkt in seiner gegenwärtigen Struktur weder fähig noch willens ist, alle Jugendlichen mit einem Arbeitsplatz zu versorgen. Deshalb muss aus instandsetzungspädagogischer Sicht zum Aufgabenbereich der Jobpatinnen und -paten auch die vertiefende Erkundung arbeitsplatzunabhängiger Beschäftigungsmöglichkeiten gehören.

Für diese Aufgabe noch geeigneter könnten diejenigen (bislang nur vereinzelt anzutreffenden) Patinnen und Paten sein, die sich auf den Freizeitbereich spezialisiert haben. Allerdings müsste dann – zumindest bei den Jugendlichen – darauf geachtet werden, dass diejenigen Freizeitbeschäftigungen im Vordergrund stehen, die mit Blick auf das Erwachsenenleben sowohl anregend als auch langfristig durchführbar sind. Dabei dürfte es sich von selbst verstehen, dass sich die auf diesem Gebiet einzuschlagenden Richtungen (z.B. sportlich, praktisch oder künstlerisch) an den individuellen Neigungen und Dispositionen der Patenkinder orientieren.

Im Gegensatz zu den bislang vorgestellten Patenschaftsmodellen liegen bei den Familienpatenschaften, die zumeist aus einer Verbindung zwischen deutschen und nichtdeutschen Familien bestehen, keine arbeitsmarktpolitischen Bedenken vor. Diese Art des interkulturellen Austausches hat in aller Regel ein besseres gegenseitiges Verständnis zur Folge und stellt somit eine besonders empfehlenswerte Integrationsmaßnahme dar. Umso bedauerlicher ist es, dass eine Ausweitung des familienbezogenen Patenschaftsprogramms auf deutsche Unterschichtfamilien nur geringe Realisierungschancen hat.

Zu den aus der Schulpraxis kommenden Erweiterungsmöglichkeiten gehört die Einführung von Fächern wie Glück, Tanz oder Höflichkeit. Die übereinstimmende Funktion dieser neuartigen (und bislang nur selten angebotenen) Fächer besteht darin, dass sie die Schüler im besten Sinne des Wortes bereichern. Um noch einen Schritt weiterzugehen: Es ist vorstellbar, dass ein durchgängiges Angebot auch nur eines dieser Sonderfächer eine Abnahme des integrationsorientierten Förderbedarfs zur Folge hat, da sie den Schülern viele zensurunabhängige Möglichkeiten bieten, sich Erfolgserlebnisse zu verschaffen.

Aus der Arbeit mit geistig behinderten Schülern ist das *Modellwohnen* (d.h. ein zeitweiliger Aufenthalt in einer zur Schule gehörenden Übungswohnung) bekannt. Bereits an anderer Stelle (siehe Kapitel *Beratungspädagogik*) wurde darauf hingewiesen, dass mittlerweile viele Schüler einen entsprechenden Förderbedarf haben, weshalb eine Ausweitung dieses Angebots (inklusive der ab und an fälligen Renovierungsarbeiten) auch auf andere Schulformen empfehlenswert erscheint.

Sogar noch viel ältere Ideen und/oder Projekte lassen sich in der einen oder anderen Weise sinnvoll adaptieren. Das gilt beispielsweise für die aus der Reformpädagogik hervorgegangenen *Produktionsschulen,* die eine überwiegend gut funktionierende Mischung aus Freiwilligkeit, Zugewandtheit, Kontrolle, Unterricht und (partiell bezahlter) Arbeit zu bieten haben. Bei entsprechender Bereitschaft könnte dieses (bislang auf benachteiligte Schüler bezogene) Konzept so umgearbeitet werden, dass sich daraus ein für alle Schüler zugängliches Produktionsfach ergibt.

Eine ebenfalls lange Tradition haben Projekte, die den Kindern und Jugendlichen das hautnahe Erleben von Natur ermöglichen. Seit einiger Zeit ist in diesem Bereich eine Art Renaissance festzustellen, die im Hinblick auf das so wichtige Lernen mit allen Sinnen nur befürwortet werden kann. Die Umsetzungsrate lässt allerdings noch immer zu wünschen übrig, wenn man die Listen der empfohlenen außerschulischen Lernorte als Maßstab nimmt.

Als sinnvolle Ergänzungsmaßnahme kommen nicht zuletzt etliche der im Rahmen der Erlebnispädagogik entwickelten Projekte (z. B. mehrmonatige Segeltörns) infrage. Die Erfahrungen haben aber auch gezeigt, dass sich andere Formen des Abgeschnittenseins von den bisherigen Lebensumständen (z. B. Arbeitseinsätze in osteuropäischen bäuerlichen Kleinbetrieben) als sehr kontraproduktiv herausstellen können.

Zu den von der Schulpolitik initiierten Projekten gehören die bereits angesprochenen Kita-Sprachkurse. Dabei handelt es sich um eine grundsätzlich sinnvolle Integrationsmaßnahme, von der man sich allerdings viel zu viel verspricht. So verfügen die meisten der in Frankreich lebenden Migranten über ausreichende oder sogar ausgezeichnete Sprachkenntnisse und sind trotzdem überwiegend nicht in die Gesellschaft integriert.

Als Reaktion auf den *Rütli-Schock* wurde in Berlin das auch schon aus anderen Städten bekannte Konzept *Ein Quadratkilometer Bildung* übernommen. Zu der *Campus Rütli* genannten Neuköllner Version gehört die Zusammenlegung dreier Schulen zu einer Gemeinschaftsschule, die (als Ganztagsschule) für alle schulischen Abschlüsse (d. h. einschließlich der gymnasialen Oberstufe) gerüstet ist. Weitere Kooperationspartner sind: Kindertagesstätten, Freizeiteinrichtungen, Musikschule, Kinder- und Jugendgesundheitsdienst und Sozialpädagogischer Dienst.

Aus instandsetzungspädagogischer Sicht ist vor allem die relativ leichte Verfügbarkeit zahlreicher Co-Erzieher hervorzuheben. Damit kommt das Konzept der aus Afrika stammenden Vorstellung, dass es zur Erziehung eines Kindes eines ganzen Dorfes bedarf, schon ziemlich nahe. Umso bedauerlicher ist, dass – mit Ausnahme des Bezirksamtes Neukölln – auch in diesem

Zusammenhang nichtstaatliche Geldgeber (hier in Form von Stiftungen) eine tonangebende Rolle spielen.

Hinzu kommt, dass der Versuch einer integrationsbefördernden Zusammenführung konterkariert wird durch eine verschärfte Hartz-IV-Gesetzgebung, die u. a. eine verstärkte Entmischung der Wohnviertel zur Folge hat. Im Klartext heißt das: Die Armen bleiben immer mehr unter sich und alle Gegensteuerungsversuche (z. B. in Form einer Einweisung auch anderer Kinder in schlecht beleumdete Bezirksschulen) werden durch heftigste Proteste und andere Maßnahmen letztendlich unterlaufen.

Ein anderer Gegensteuerungsversuch bezieht sich auf die im emotional-sozialen Bereich feststellbaren Defizite. Konkret geht es um die seit einigen Jahren angebotenen *ETEP-Kurse*. ETEP steht für Entwicklungs-Therapie/Entwicklungs-Pädagogik und hat seinen Ursprung in der von Mary Wood konzipierten *Developmental Therapy*. Im Mittelpunkt des von Marita Bergsson für den deutschsprachigen Raum erschlossenen und überarbeiteten Konzepts stehen entwicklungspädagogische Interventionen, die als pro-aktives Lehrerhandeln zu verstehen sind, das den Schülern beim Aufbau des angestrebten Verhaltens helfen soll.

Somit gibt es zwischen dem ETEP-Konzept und den instandsetzungspädagogischen Überlegungen eine relativ große Schnittmenge, obwohl letztere größtenteils auf der Reflexion eigener Erfahrungen beruhen. Wegen dieser – wie auch immer zustande gekommenen – Übereinstimmungen könnte das ETEP-Konzept als gangbarer Weg empfohlen werden, wenn es nicht einige bedeutsame Einschränkungen gäbe:

a) Expliziter Leitgedanke des ETEP-Konzepts ist nicht die gesellschaftliche Integration.

b) Die ETEP-Kurse sind so teuer, dass immer nur einige auserwählte Lehrer die Kurse besuchen können.

c) In der Praxis hat sich gezeigt, dass sich etliche der bereits ausgebildeten ETEP-Lehrer wie elitäre Cliquen verhalten – ganz so, als ob sie Hüter eines geheimen Wissens seien.

d) Die Vermittlung von ETEP-Kursen bzw. -Referenten ist eine additive Maßnahme, die nicht zu einer grundlegenden Überarbeitung der Schulstrukturen und Unterrichtsinhalte führt. Das hat u. a. mit dem privatwirtschaftlichen Charakter der ETEP-Institute zu tun, die kein Interesse daran haben (können), dass das von ihnen vermittelte Wissen zu einem schulischen Allgemeingut wird.

Zum Abschluss der Erweiterungsliste soll mit der Lebensmittelindustrie noch ein gänzlich anderer Bereich angesprochen werden. Die von dieser Seite angestoßenen Aktivitäten (z. B. Bereitstellung von Unterrichtsmaterialien, Ernährungsberatung oder Organisation von Wettläufen) passen so wenig zum tatsächlichen Verhalten der dahinter stehenden Firmen (Produktion und Vertrieb überwiegend ungesunder Kinderlebensmittel), dass sie nur unter einem sehr eingeschränkten Blickwinkel als pädagogisch wertvoll gelten können. Dafür eignen sie sich als besonders abschreckendes Beispiel in Sachen Sponsoring, das sich von Anfang an nicht auf schulnahe Betriebe (z. B. Schulbuchverlage) beschränkt hat und inzwischen überall in deutschen Schulen erlaubt ist.

Damit nicht genug: In den Schulen der besonders finanzschwachen Bundesländer (Berlin, Bremen, Sachsen-Anhalt) darf auch noch direkte Produktwerbung betrieben werden. Selbst dieses Einfallstor reicht der ziemlich aggressiv auftretenden Lebensmittelbranche nicht aus: Außerschulisch setzt sie alles daran, die Verbraucher weiter im Unklaren zu lassen (vgl. Niederschlagung der Lebensmittel-Ampel) und/oder mit Vorwürfen zu überhäufen (Fettleibigkeit als Problem sozial- und bildungsschwacher Schichten).

Da weder im Schul- noch im Hochschulbereich mit einer Abnahme der privat- und finanzwirtschaftlichen Einflüsse zu rechnen ist, liegt meines Erachtens die Frage nahe, wie lange es überhaupt noch bildungspolitische Gestaltungsspielräume geben wird. Anders herum gesehen: Solange staatliche Steuerungsversuche noch nicht gänzlich beschnitten sind, sollten sie so gut wie möglich im Sinne einer sich human verstehenden Gesellschaft genutzt werden.

5. Resümee

Die Instandsetzungspädagogik ist eine ganz weit unten angesiedelte Pädagogik. Dieses Merkmal kennzeichnet sowohl die von den benachteiligten Schülern repräsentierten Entwicklungsstufen als auch die bei den Interventionen zu vermittelnden Basisgefühle (z. B. Akzeptanz, Schutz, Zugehörigkeit). Ausgangspunkt der Instandsetzungspädagogik ist ein andersartiges Problem- und Lösungsverständnis: Schwieriges Verhalten und mangelndes Lerninteresse sind vor allem eine Folge der inner- und außerschulisch verursachten Lernentwöhnung. Dementsprechend gilt es, in Zusammenarbeit mit den Schülern die verloren gegangene Freude am Lernen wieder zu entdecken.

Als sehr *basisnah* können auch die zugehörigen Aufgabenbereiche bezeichnet werden. Damit ist vor allem die Übernahme von Be- und Erziehungsaufgaben, die Vermittlung von Sozial- und Lebensführungskompetenzen sowie die Schaffung eines verständnisvollen Umfeldes gemeint.

Noch deutlicher trifft das Ganz-weit-unten-Merkmal auf die meisten der hier vorgestellten Mittel und Methoden zu. Jedenfalls ist es so, dass es bei ihnen mehr auf Fantasie und Eigenarbeit als auf Chic und Technik ankommt und sie deshalb überwiegend *billig* sind.

Mit derartigen Einstufungen setze ich mich bewusst dem Vorwurf aus, ein ziemlich altmodisches (oder – in Anspielung auf unsere derzeitige Bundesbildungsministerin – sogar gestriges) Konzept entworfen zu haben. Dagegen steht meine durch nichts zu erschütternde Überzeugung, dass ein *Lernen ohne Herz* keinem Schüler wirklich gut tut und für die mit (Schicksals-)Schlägen aufgewachsenen Kinder überhaupt nicht infrage kommt, wenn die schon vor Schuleintritt angebahnte Lernentwöhnung nicht zementiert, sondern (möglichst weitgehend) überwunden werden soll.

Ein auf das Erbringen und Messen kognitiver Leistungen angelegtes Schulsystem ist nicht dafür geeignet, die sehr weit unten angesiedelten Ebenen des Lernens ohne Bloßstellung der Schüler standardmäßig zu berücksichtigen. Anders formuliert: Solange das einseitige Leistungsverständnis beibehalten wird, führen auch die (ohnehin nur halbherzigen) selektionsreduzierenden Schulreformen nicht zum erhofften Integrationserfolg.

Dazu passt die von Klaus Klemm vorgelegte Bilanz, in der unter Bezugnahme auf die Vereinbarungen des Bildungsgipfels von 2008 festgestellt wird, dass die Zahl der Schulabbrecher kaum zurückgegangen ist. Gleichzeitig lässt sich vielerorts beobachten, dass Frust, Mobbing (also Ausgrenzung) und Burn-out immer weiter um sich greifen. Kurzum: Die Schule ist in ihrer jetzigen Verfassung selbst viel zu krank, um die Integration normabweichender Schüler erfolgreich bewerkstelligen zu können.

Hinzu kommt die (im Hochschulbereich schon weit verbreitete) Tendenz, staatlicherseits zu erfüllende Aufgaben in privatwirtschaftliche Hände zu übergeben und die weniger lukrativen Fördermaßnahmen den ehrenamtlichen Kräften zu überlassen. Dabei ist nicht einmal eine nennenswerte Entlastung der Lehrer herausgekommen, da diese im Namen der selbstständigen Schule mit noch mehr Zusatz- und Verwaltungsaufgaben überhäuft worden sind.

In dieser für alle nichtprivilegierten Schulen (also für die Mehrzahl der Schulen) ziemlich charakteristischen Situation können auch die hier vorgestellten konzeptionellen und praktischen Vorschläge nichts Grundsätzliches im Sinne einer Kehrtwende ausrichten. Noch krasser ausgedrückt: Sie stellen kaum mehr als Notmaßnahmen dar, die aber immerhin so viele wegweisende Ideen beinhalten, dass das im Interesse aller Schulangehörigen anzustrebende Umdenken dadurch befördert werden könnte.

Im Gegensatz zu den derzeit stark ökonomisch orientierten Reformvorhaben brauchen wir Veränderungen, die sowohl auf der strukturellen

als auch auf der inhaltlichen Ebene eine Befreiung der Schüler von einseitigen kognitiven Leistungserwartungen zum Ziel haben. Mit anderen Worten
brauchen wir eine allen Kindern offenstehende, weitgehend repressionsfreie,
inhaltlich umstrukturierte, großzügig ausgestattete und privatwirtschaftlich
unabhängige Schule mit vielen Lehrern sowie einer Atmosphäre, in der sich
die Schüler so entfalten können, dass sie in die Lage versetzt werden, einen
anerkannten und zufriedenstellenden Platz im Leben zu finden.

Auch in der Schulpolitik gilt: Eine Schwalbe macht noch keinen Sommer!
Erst dann, wenn es staatlicherseits gelingt, die bislang *Abgehängten* in den
Stand von *Angehängten* zu versetzen, ist es statthaft, von erfolgreich verlaufenen Integrationsbemühungen zu sprechen.

F Thesenpapier

a) Zur Tradition des (deutschen) Schulwesens gehören sowohl strukturelle als auch inhaltliche Trennungen (Beispiel: Trennung von Erziehung und Unterricht).

b) Die bisherigen individuellen Förderversuche beziehen sich nicht in erster Linie auf die Prägungserfahrungen des Kindes, sondern auf dessen Leistungsstand (Produktivität).

c) Benachteiligte Schüler werden viel zu oft als lernunwillig eingestuft, obwohl zumeist eine (erworbene) Lernunfähigkeit vorliegt.

d) Im Falle permanenter Abwertungs- und Ablehnungserfahrungen erleben viele lernschwache oder verhaltensgestörte Schüler die Schule als neu hinzugekommene Strafanstalt. Die hauptsächlichen Unterschiede zu den Elternhäusern bestehen dann darin, dass man sich der Schule leichter entziehen kann und nicht geschlagen wird.

e) Im jetzigen Schulsystem kommt das nachschulische Leben viel zu kurz, wobei insbesondere keine Vorbereitung auf ein (häufiger werdendes) Leben ohne Erwerbsarbeit stattfindet.

f) Durch das beständig dichter werdende Kontroll- und Benotungsnetz wird ein Druck aufgebaut, der bei Schülern und Lehrern zu einem deutlichen Anstieg an psychischen (und teilweise auch physischen) Störungen geführt hat. Das bedeutet, dass nicht nur die Integrationsschüler, sondern auch viele andere Schulangehörige einen Genesungsbedarf haben.

g) Trotz Umbenennung der Verhaltensstörungen in emotional-soziale Störungen ist keine ausreichende Emotionalisierung der Lerninhalte erfolgt. Dieses Ausbleiben ist ein Indiz dafür, dass am Grundverständnis von Schulen nicht gerüttelt werden soll.

h) Je konsequenter der emotionale Bedarf in den Schulen nicht abgedeckt wird, desto mehr lohnt es sich für die im Bildungsgeschäft Tätigen, entsprechende Programme auf den Markt zu bringen (vgl. ETEP-Lehrgänge). Der sich immer weiter ausbreitende Nachhilfemarkt ist ein Beispiel dafür, wohin schulinterne Fehler und Versäumnisse führen können.

i) Bildungsabschlüsse garantieren nicht den Erhalt eines Ausbildungs- oder
    Arbeitsplatzes. Auch Gegensteuerungsversuche (in Form staatlicher Lohn-
    zuschüsse) verlieren angesichts eines aus vielen Praktikanten und schlecht
    bezahlten (Leih-)Arbeitern bestehenden Reservoirs an Bedeutung.

j) Begriffe wie *Chancengleichheit* oder *Chancengerechtigkeit* wecken zu große
    Hoffnungen, da ein vollständiger Nachteilsausgleich nur ausnahmsweise
    gelingen kann. Die bildungsgenerierten Aufstiegsquoten der anderen hoch
    entwickelten Länder zeigen aber, dass auf jeden Fall mehr möglich ist als
    das, was in Deutschland realisiert wird.

k) Hinsichtlich der Bildungs- und Aufstiegschancen gilt: Was früher das
    katholische Arbeitermädchen vom Lande war, ist heute der *verhaltensge-
    störte (nicht-)deutsche Junge aus der Unterschicht.*

l) Obwohl internationale Studien schon mehrfach belegt haben, dass der
    Bildungserfolg gerade in Deutschland sehr schichtabhängig ist, gibt es
    eine nach wie vor feststellbare Neigung, die für die häufigen schulischen
    Misserfolge ausschlaggebenden Gründe auf eine persönliche Alleinschuld
    (der Schüler und/oder Eltern) zu reduzieren.

m) Den von häuslichen Stammtischsprüchen stark beeinflussten Schülern
    fällt es besonders schwer, die Anwesenheit von Integrationsschülern zu
    akzeptieren. Am leichtesten haben es noch diejenigen behinderten Schüler,
    die nicht aus der Unterschicht stammen, keine ausländischen Wurzeln
    haben und nicht verhaltensgestört sind. Ansonsten kann es in einem
    solchen Umfeld neben einer Lernentwöhnung auch zu einer *Integrations-
    entwöhnung* kommen.

n) Seit Beginn des *Outsourcings* normabweichender Schüler (sprich: seit
    Einführung der Sonderschulen) hat sich – mit einer etwas längerfristigen
    Ausnahme – das deutsche Schul- und Bildungswesen immer mehr den auf
    Profitmaximierung bedachten Wirtschaftsstrukturen angenähert. Dabei
    ist vor allem das Humboldtsche Bildungsideal unter die Räder gekommen.

o) Den aktuell eingeführten Integrationsmaßnahmen haftet etwas Halb-
    herziges und Scheinheiliges an, da sie keine wirkliche Überwindung der
    Selektionspraxis darstellen und eine alle Schüler einbeziehende inhaltliche
    Überarbeitung gar nicht erst vorsehen.

p) Mit der Durchführung integrationsfördernder Maßnahmen werden
    zunehmend Sponsoren/Stiftungen, Institute und Ehrenamtliche betraut,
    was einem Delegieren von Verantwortung gleichkommt. Dieses Ver-
    halten ist typisch für ein Land, dessen Bildungssektor chronisch unter-
    finanziert ist.

q) Schon seit längerer Zeit wird auf die Eignung des pädagogischen Personals
    kaum noch Wert gelegt. Hinzu kommt, dass die Kriterien bei der Einstel-

lung von Quereinsteigern nicht klar definiert sind. Am Ende der Skala
stehen die kurzfristig beschäftigten Ein-Euro-Jobber, die oftmals über
keinerlei Qualifikation verfügen und trotzdem in aller Regel bedeutend
mehr als die erlaubten Zuarbeiten verrichten.

r) Das Etikett *Selbstständige Schule* suggeriert ein nicht vorhandenes Maß
an schulischer Gestaltungsfreiheit. Demgegenüber sind die tatsächlichen
Gestaltungsspielräume schon allein wegen der äußerst bescheidenen
Schulbudgets sehr begrenzt.

s) Schulische Umgestaltungsmaßnahmen werden nach wie vor verordnet.
Die weitgehende Nichtbeteiligung der Betroffenen an den Planungspro-
zessen hat zur Folge, dass gravierende Mängel nicht schon im Vorfeld
erkannt werden. Das Fehlen frühzeitiger Mitwirkungsmöglichkeiten lässt
sich auch als *pädagogischer Taylorismus* charakterisieren, der sich negativ
auf die spätere Unterstützungsbereitschaft auswirkt.

t) Die täglich zu beobachtenden Hinweise auf eine schulische Fehlentwick-
lung werden verleugnet oder verdrängt. Das hat zur Folge, dass nur noch
ganz furchtbare Ereignisse (z. B. Amokläufe) als Alarmsignale erkannt
und (vorübergehend) im Sinne eines Innehaltens auf dem marktliberalen
Anpassungsweg ernst genommen werden.

u) Besonders für das deutsche Schulwesen gilt, dass Integration und Inklusion die denkbar größten Herausforderungen darstellen, da sie nicht
zusätzlich zum bislang üblichen Unterricht verwirklicht werden können,
sondern ein komplettes Umdenken erfordern. Dementsprechend gewaltig
sind die damit verbundenen Aufgaben (z. B. Entwurf ganz neuer Unter-
richtskonzepte oder Überwindung des an Bildbarkeitsstufen orientierten
Denkens), die aber schon allein deshalb nicht gescheut werden sollten,
weil eine in jeder Beziehung barrierefreie Schule allen Kindern (und auch
allen anderen Schulangehörigen) zugute kommt.

v) Wenn es stattdessen so weitergeht mit der Auslagerung von Aufgaben,
der Entseelung des Unterrichts, der Verschärfung von Kontrollen, der
mangelhaften Ausstattung mit Personal, Räumen und Arbeitsgeräten,
dem Festhalten an Gymnasien und der Genehmigung von Privatschulen,
dann wird eine ohnehin in Gang gekommene Entwicklung unterstützt, an
deren Ende erneut eine komplett gespaltene und zutiefst undemokratische
Gesellschaft stünde, in der es nicht länger um die Erschließung integrativer
(und schon gar nicht inklusiver) Perspektiven, sondern um ein bisschen
Abfederung und ein entwürdigendes Erhaschen von Almosen ginge.

G Anhänge

Komplettversion der pantomimischen Übungen

Vorbemerkungen

Im Textteil des hier vorliegenden Buches sind etliche Übungssammlungen (insbesondere Arbeitsblätter für Deutsch und Mathematik sowie Förder- und Schreibordner) mehr oder weniger ausführlich angesprochen worden. Dabei handelt es sich ausnahmslos um eigenhändig angelegte Zusammenstellungen, die auf Ausschnitten von Unterrichtsbüchern, Übungsheften, Jugendzeitschriften und – zunehmend mehr – kostenlos verteilten Materialien (z. B. Werbebroschüren) beruhen und im Laufe der Zeit einen enormen Umfang angenommen haben. So sind allein die Förderordner (Lese-, Schreib- und Wahrnehmungsförderung) auf einen Gesamtumfang von 1600 Seiten angewachsen.

Unter diesen Umständen würde bereits die Auflistung der zugehörigen Inhaltsverzeichnisse viel Platz beanspruchen und soll deshalb an dieser Stelle auch unterbleiben. Wer die Verzeichnisse im Sinne einer Anregung trotzdem einsehen möchte, wende sich bitte an die Autorin unter M.v.Garrel@t-online.de.

Gegen eine breiter angelegte Präsentation spricht aber vor allem die Tatsache, dass die gesammelten Materialien auf ganz bestimmte Schüler zugeschnitten und – zumindest teilweise – gemeinsam mit ihnen erstellt worden sind. Damit sind sie Ausdruck einer gelebten Instandsetzungspädagogik, bei der es auf die mit den Materialsammlungen verbundenen Ideen (individuelle Anpassungs-, Auswahl-, Kontroll-, Kombinations- und Mitbestimmungsmöglichkeiten) ankommt.

Angesichts der immer schwerer werdenden schulischen Arbeitsbedingungen ist das Bedürfnis nach einem Rückgriff auf schon vorhandene Materialien natürlich trotzdem gegeben und verständlich. Die nachfolgenden pantomimischen Übungen stellen somit eine Art Kompromiss dar: Beschränkung auf ein einziges Angebot, das dafür aber nicht nur die Übungsthemen, sondern auch die Übungsinhalte umfasst.

Dieser Schritt ist mir auch deshalb leicht gefallen, weil erfahrungsgemäß die Schüler gerade bei den Pantomimen schon selbst für die jeweils angebrachten Modifikationen sorgen. Hinzu kommt, dass es in diesem Fall nicht einmal anderweitige urheberrechtliche Probleme gibt, da alle Texte von mir stammen.

Die meisten der insgesamt 110 Übungen eignen sich grundsätzlich auch für eine Vorführung, können aber nicht immer auf Anhieb von den Zuschauern entschlüsselt werden. In solchen Fällen sollte es den Darstellern überlassen bleiben, ob sie sich zur szenischen Idee äußern oder daraus lieber eine Art Ratespiel machen möchten.

Eine gewisse Sonderstellung nehmen die abschließenden Wahrnehmungsübungen mit pantomimischen Anteilen ein, da diese zumeist nicht ganz stumm ablaufen können. In einem anderen Sinn untypisch sind die hier ebenfalls aufgenommenen *Verharrübungen,* deren Durchführung in einem Einfrieren einer bestimmten Position besteht.

Pantomimische Übungen

Übungen für einen Schüler (30 Übungen)

Pantomimische Übungen zum Thema Essen

1. Essen eines Apfels
   a) S. isst einen Apfel, der ihm sehr gut schmeckt.
   b) S. isst einen Apfel, der gut aussieht, sich aber als sauer erweist.
2. Essen eines Maiskolbens
   a) S. hält die Pappschale so unter den Maiskolben, dass beim Essen nichts heruntertropfen kann.
   b) S. ist so hungrig, dass er nicht an diese Vorsichtsmaßnahme denkt und flüssige Butter auf sein T-Shirt tropft.
3. Vorbereitung eines Mittagessens
   a) S. kocht Nudeln mit Soße und stellt voller Stolz das gelungene Mittagessen auf den Tisch.
   b) S. hat Milch für einen Pudding aufgesetzt und wird gleich danach angerufen. Noch während des Gesprächs breitet sich der Geruch der übergekochten Milch in der ganzen Wohnung aus.

Pantomimische Übungen zum Thema Waschen

1. Zähneputzen
   a) S. merkt beim Putzen der Zähne, dass er die Zahnputzcreme mit einer Rasiercreme verwechselt hat.
   b) S. will sich unbedingt die Zähne putzen, obwohl die Zahnpastatube fast leer ist. Deshalb versucht er mit aller Gewalt, den letzten Rest aus der Tube herauszuquetschen.
2. Duschen
   a) S. dreht die Dusche auf. Zuerst ist das Wasser zu heiß, dann zu kalt.
   b) S. lässt die Seife fallen, tritt darauf und kann nur mit Mühe und Not ein schmerzhaftes Ausrutschen verhindern.
3. Baden
   a) S. lässt Badewasser ein, steigt in die Wanne und entspannt sich.
   b) S. ist Shampoo in die Augen gelaufen, weshalb er blind nach einem Handtuch tastet.

Pantomimische Übungen zum Thema Anziehen

1. Nach dem Aufstehen
   a) S. hat verschlafen und muss sich nun in Windeseile anziehen.

b) S. sieht, dass es draußen regnet und sucht seinen Anorak, den er aber
   nicht finden kann.
2. In der Schule
   a) Nachdem es zur Pause geklingelt hat, greift sich S. versehentlich eine
      fremde und viel zu große Jacke.
   b) S. reißt seine Jacke nach Schulschluss so schnell vom Haken, dass diese
      kaputtgeht und er sich nicht mehr nach Hause traut.
3. Schlafenszeit
   a) S. ist so müde, dass er beim Anziehen der Schlafanzugsjacke immer
      wieder das Ärmelloch verfehlt.
   b) S. will seinen Schlafanzug anziehen, den jemand aus Spaß an den
      Ärmeln zugenäht hat.

Pantomimische Übungen zum Thema Hausarbeit
1. Staubsaugen
   a) S. saugt die Wohnung. Plötzlich klingelt es und S., der schnell öffnen
      will, verheddert sich im Staubsaugerkabel.
   b) S. will abends noch schnell den Flur saugen. Ein Kurzschluss lässt alle
      Lichter ausgehen, sodass S. im Dunkeln nach dem Sicherungskasten
      suchen muss.
2. Abwasch
   a) S. spritzt zu viel Spülmittel in das einlaufende Wasser, sodass sich bald
      ein riesiger Schaumberg entwickelt.
   b) S. lässt beim Abtrocknen ausgerechnet die eigene Lieblingstasse aus
      der Hand fallen.
3. Bügeln
   a) S. stellt Bügeleisen ein und prüft nach einer Weile mit bloßem Finger
      die Temperatur des mittlerweile heißen Eisens.
   b) S. lässt wegen eines lauten Krachs im Hausflur das eingeschaltete Bügel-
      eisen auf dem Brett stehen und vergisst es völlig, bis sich ein komischer
      Geruch im Zimmer bemerkbar macht.

Pantomimische Übungen zum Thema Einkaufen
1. An der Kasse
   a) S. legt Waren auf das Förderband, bezahlt, packt ein und trägt die
      schwere Tasche nach Hause.
   b) S. stellt fest, dass er den geforderten Betrag nicht bezahlen kann.
2. Im Laden
   a) S. stellt Waren nach mitgebrachtem Einkaufszettel zusammen und ver-
      sucht, das jeweils günstigste Angebot herauszufinden.

b) S. verfehlt den Einkaufskorb und lässt ein Honigglas auf den Boden fallen.

3. Vor dem Obststand

a) S. füllt eine Plastiktüte mit Äpfeln und wiegt diese aus.

b) S. will eine zweite Tüte mit Äpfeln füllen und rutscht dabei auf einer heruntergefallenen Kirsche aus.

Übungen für zwei Schüler (30 Übungen)

Interaktive Übungen zum Thema Kaufhaus

1. Vor dem Kaufhaus

a) S. entdeckt einen Bettler und ist traurig darüber, dass er überhaupt kein Geld bei sich hat.

b) S. zählt vor dem Kaufhaus sein Geld zusammen und stellt bei einem vergleichenden Blick durch das Schaufenster fest, dass das ersehnte Computerspiel viel zu teuer ist. Enttäuscht dreht er sich um und versucht, den etwas abseits stehenden Vater zur Herausgabe des fehlenden Betrages zu überreden.

2. Computerecke

a) S. wartet auf einen frei werdenden Platz und beobachtet dabei, wie ein anderer Schüler eine CD stiehlt.

b) S. spielt ein allmählich schwieriger werdendes Computerspiel. Nach dem schnellen Ende des Spiels versucht er, seinen Misserfolg zu vertuschen, indem er einen näher kommenden Interessenten in ein längeres Gespräch verwickelt.

3. In der Schuhabteilung

a) S. will sich neue Turnschuhe kaufen, kann sich aber zum Leidwesen des Verkäufers nicht entscheiden, weil die Schuhe entweder zu klein oder zu groß oder zu teuer sind.

b) S. will einen bestimmten Schuhkarton herausziehen und stößt dabei zum Entsetzen seiner Mutter den hinter ihm stehenden Korb mit Kinderschuhen um.

Interaktive Übungen zum Thema Feste

1. Geburtstag

a) S. erhält von einem Familienmitglied ein Geschenk, über das er sich sehr freut.

b) S. erhält von einem anderen Familienmitglied ein Geschenk, über das er sich gar nicht freuen kann.

2. Muttertag
   a) S. bereitet ein wunderschönes Frühstück für die Mutter vor und ist ganz verlegen, als diese sich überschwänglich bei ihm bedankt.
   b) S. vergisst das von ihm gekaufte Muttertagsgeschenk in der U-Bahn und bittet den skeptischen Vater um Hilfe.
3. Karneval
   a) S. will sich als Zebra verkleiden und übt mit einem Mitschüler, wie man als Pferd laufen muss.
   b) S. hilft einem Freund, der als Indianer gehen will, bei der Kriegsbemalung.

Interaktive Übungen zum Thema Schule

1. Hausaufgaben
   a) S. bittet zu Hause oder im Hort erfolgreich um Mithilfe bei der Lösung einer Aufgabe.
   b) Die nächste Aufgabe ist so schwierig, dass keiner helfen kann.
2. Zeugnis
   a) S. bringt ein gutes Zeugnis nach Hause und wird gelobt.
   b) S. bringt ein gutes Zeugnis nach Hause, aber niemand zeigt Interesse.
3. Unterricht
   a) S. hat nicht aufgepasst und kann deshalb dem Lehrer keine richtige Antwort geben.
   b) S. guckt während der Klassenarbeit ab und wird dabei von dem Lehrer erwischt.

Interaktive Übungen zum Thema Haustiere

1. Kätzchen
   a) S. hat ein kleines Kätzchen gefunden und bringt dieses nach Hause. Die Mutter ist empört und verlangt, dass das Tier sofort wieder weggebracht wird.
   b) S. spielt so begeistert mit seinem Kätzchen, dass er vergisst, sein Brüderchen vom Kindergarten abzuholen. Voller Zorn stürmt die Mutter ins Zimmer, reißt ihn hoch und macht ihm klar, dass so etwas nicht noch einmal vorkommen darf.
2. Hamster
   a) S. holt seinen Hamster zum Streicheln aus dem Käfig. Dabei entwischt ihm das Tier und läuft der Mutter vor die Füße, die gerade mit einem Tablett voller Geschirr das Zimmer betritt.

b) S. bringt den kranken Hamster zum Tierarzt, der im Anschluss an die Untersuchung feststellt, dass das Tier an einer unheilbaren Krankheit leidet.

3. Hund

   a) S. geht mit seinem Hund spazieren und wird von einem Passanten angemeckert, weil der Hund gerade ein Häufchen produziert.

   b) S. führt einem Freund vor, wie sich sein Hund verhält, wenn er sich tüchtig freut oder Futter bekommt.

Interaktive Übungen zum Thema Familie

1. Baby

   a) S. wird gebeten, auf das Baby aufzupassen, obwohl er viel lieber Fußball spielen würde.

   b) S. liebt das Baby sehr und bittet Vater oder Mutter, es allein ins Bett bringen zu dürfen.

2. Geschwister

   a) S. wird wegen eines nicht aufgeräumten Zimmers ausgeschimpft, obwohl in Wirklichkeit das ebenfalls anwesende Geschwisterkind für die Unordnung verantwortlich ist.

   b) S. tröstet seinen Bruder, weil dieser große Schmerzen hat.

3. Eltern

   a) S. erfährt vom Vater, dass sich die Eltern scheiden lassen wollen.

   b) S. versucht, die vor Enttäuschung über den Vater weinende Mutter zu beruhigen/zu trösten.

Klassenpantomimen (20 Übungen)

Klassenpantomimen zum Thema Café

a) Ein zu einem Gast gehörender Hund reißt sich los und läuft von Tischgruppe zu Tischgruppe, um einen Leckerbissen zu ergattern.

b) Ein tollpatschiger Kellner bringt die auf ihre Bestellung wartenden Gäste allmählich zur Verzweiflung.

c) Ein mit der Bedienung des Kellners unzufriedener Gast beschwert sich wild gestikulierend und versucht anschließend, das Café ohne Bezahlung zu verlassen. Die anderen Gäste reagieren höchst unterschiedlich (desinteressiert, verständnisvoll, empört …).

d) Ein Gast löffelt den Inhalt eines Eisbechers so schnell in sich hinein, dass er sich bekleckert. Diejenigen Gäste, die diesen Vorgang beobachten, müssen sich sehr beherrschen, um nicht laut loszulachen.

Klassenpantomimen zum Thema Eisenbahnabteil

a) Ein zusteigender Fahrgast verliert beim Ausziehen des Mantels seinen noch neuen Ehering und sucht nun hektisch den Boden des voll
besetzten Abteils ab.

b) Bei der Fahrkartenkontrolle stellt ein Reisender fest, dass sich der Fahr-
schein nicht am gewohnten Platz befindet. Die Mitreisenden helfen bei
der Suche, während der Kontrolleur immer ungeduldiger wird.

c) Ein Reisender glaubt, Rauch gerochen zu haben und zieht sofort die
Notbremse. Die Mitreisenden purzeln übereinander und geraten
dadurch teilweise in Panik.

d) Kurz vor der Einfahrt des Zuges zieht ein Mitreisender seinen Koffer
mit so viel Schwung aus dem Gepäcknetz, dass dieser einem anderen
Fahrgast voll auf die Füße fällt. Die Mitreisenden fangen entweder an
zu schimpfen oder versuchen, dem Unglücklichen zu helfen.

Klassenpantomimen zum Thema Flughafen

a) Bei der Zollkontrolle wird ein Mann mit unverzollten Waren erwischt.
Die dahinter stehenden Fluggäste reagieren überwiegend schadenfroh.

b) In der vor einem Flugschalter wartenden Menge brüllt ein quengeliges
Kind so lautstark los, dass ihm die genervte Mutter eine saftige Ohrfeige
verpasst. Einige der in der Nähe stehenden Beobachter sind mit einer
derartigen Erziehungsmaßnahme überhaupt nicht einverstanden und
wenden sich empört an die mittlerweile ganz konfuse Mutter.

c) Einer der ankommenden Fluggäste hat anscheinend zu viel Alkohol
konsumiert und versucht nun torkelnd, den Ausgang zu finden. Die
von ihm befragten Mitreisenden rücken angeekelt von ihm ab und
veranlassen schließlich seine vorübergehende Festnahme durch die
Flughafenpolizei.

d) Bei der Abgabe der Gepäckstücke stellt sich heraus, dass einer der Koffer des zuerst abgefertigten Passagiers weit mehr wiegt als erlaubt. Der
Passagier will das nicht glauben und weigert sich, die fällige Zuzahlung
zu leisten. Weil dadurch der ganze Betrieb aufgehalten wird, kommt es
nach einer gewissen Zeit zu einer kleineren Handgreiflichkeit.

Klassenpantomimen zum Thema Wartezimmer einer Arztpraxis

a) Der zuletzt eingetretene Patient empfindet die im Wartezimmer herr-
schende Luft als viel zu stickig und reißt gegen den Willen der bereits
Anwesenden das Fenster sperrangelweit auf.

b) Nachdem ein Patient die Arztpraxis verlassen hat, steht ein anderer
auf, wird aber von der Sprechstundenhilfe darauf hingewiesen, dass er

noch warten muss. Einige der ebenfalls wartenden Patienten sind mit dieser Entscheidung ganz und gar nicht einverstanden.

c) Ein Patient, der soeben das Behandlungszimmer verlassen hat, bricht wegen einer schlimmen Diagnose weinend im Wartezimmer zusammen. Von den Anwesenden sind nur einige in der Lage, sofort Trost zu spenden, während die anderen nicht wissen, wie sie sich verhalten sollen.

d) Eine sichtlich erschöpfte junge Mutter betritt mit zwei Kindern an der Hand das übervolle Wartezimmer. Die Kinder reißen sich sofort los und stürmen in die Spiel- und Malecke, während die Mutter notgedrungen stehen bleibt. Nach einer Weile fangen die Kinder an, mit Bleistiften und Spielzeugteilen um sich zu werfen. Die anderen Wartenden sind zunächst empört, doch dann merken sie, dass die Mutter viel zu kraftlos ist, um sich selbst um die Kinder kümmern zu können.

Klassenpantomimen zum Thema Postschalter

a) Ein hinzukommender Kunde versucht, sich an der vor einem Postschalter stehenden Schlange vorbeizumogeln.

b) Ein schon seit längerer Zeit wartender Kunde wird wegen der brütenden Hitze plötzlich ohnmächtig und kippt um.

c) Ein unbeabsichtigter Rempler löst einen plötzlichen Streit aus, an dem sich immer mehr Postkunden beteiligen. Der Schalterbeamte versucht vergeblich, den Streit zu schlichten.

d) Ein Kunde ist beim Bezahlen der Briefmarken so nervös, dass sein Portemonnaie herunterfällt und viele Münzen über den Boden rollen.

Wahrnehmungsübungen mit pantomimischen Anteilen (30 Übungen)

Bewegungsübungen

1. Windmühle: Zuerst ist der Wind, der die Flügel der Windmühle in Bewegung setzt, ganz schwach, wird dann immer stärker und erreicht schließlich Sturmstärke. Danach lässt die Kraft des Windes allmählich nach, bis schließlich sogar ein völliger Windstillstand eintritt. (Arme gegenläufig oder synchron seitlich rotieren lassen.)

2. Seehund: Auf der Suche nach seiner Mutter robbt ein Seehundbaby an Land und muss dabei eine Sanddüne (großes Kissen) überwinden. Nachdem das Seehundbaby den Strand erreicht hat, hält es mit hochgerecktem Kopf Ausschau nach seiner Mutter. Endlich merkt das Seehundbaby, dass seine Mutter noch im Meer schwimmt und robbt schnell dorthin zurück.

3. Trommler: Der Drummer einer Beat-Gruppe hat einen Solo-Auftritt. Zuerst spielt er auf einer Trommel langsam und leise, dann schnell und leise und schließlich schnell und laut. Das Publikum ist so begeistert, dass er noch mehr von seinem Können zeigen will und deshalb versucht, mit der rechten Hand einen anderen Takt als mit der linken Hand zu schlagen.

4. Fließbandarbeiter: Ein Fließbandarbeiter führt immer dieselben Handbewegungen (z. B. Schraubbewegungen) aus, bis sich plötzlich die Geschwindigkeit des Fließbandes erhöht (oder verlangsamt), sodass die gewohnten Bewegungsabläufe nicht mehr eingehalten werden können.

5. Marionette: Trotz Abwesenheit des Marionettenspielers führt eine Marionette die für sie typischen Bewegungen aus: ruckartiges Heben des rechten/linken Arms bzw. des rechten/linken Beins, tiefe Verbeugung mit dem Kopf/dem gesamten Oberkörper, tänzelnde Schritte aus der Hüfte/ aus den Kniegelenken heraus.

6. Orkanböen: Ein Spaziergänger wird von einer Orkanböe überrascht und versucht nun, sich mithilfe eines (nur mühsam aufzuspannenden) Regenschirms vor dem heranbrausenden Wind zu schützen. Für eine kurze Zeit schafft er es auch, sich gegen den Wind zu stemmen, aber dann werden plötzlich beide Arme zusammen mit dem Schirm nach hinten gerissen. Sobald der Wind ein wenig abflaut, kann der Schirm wieder in die richtige Position gebracht und (in Erkenntnis der offensichtlichen Nutzlosigkeit) geschlossen werden.

Verharrübungen

1. Angler: Ein Angler sitzt am Ufer eines Flusses und wartet regungslos auf das Anbeißen eines Fisches.

2. Soldat der Königin: Ein Wachsoldat mit Bärenfellmütze wartet mit völlig ausdruckslosem Gesicht vor dem Schloss der (englischen) Königin auf seine Ablösung.

3. Sonnenbad: Ein Urlauber liegt mit geschlossenen Augen auf einer Luftmatratze am Meeresstrand und konzentriert sich ganz auf das Rauschen der Wellen (Muschel am Ohr).

4. Mäusefang: Ein Kätzchen sitzt vor einem Mauseloch und wartet mit angespannten Muskeln und erhobener Tatze auf das Erscheinen der Maus.

5. Rodelunglück: Ein schwer gestürzter Bobfahrer liegt eingeklemmt unter seinem Fahrzeug und wartet starr vor Angst auf das Erscheinen seiner Retter.

6. Lauscher: Ein neugieriges Kind hockt bewegungslos vor einem Schlüsselloch, um nichts von dem im Nebenzimmer geführten Gespräch zu verpassen.

Atemübungen

1. Opernarie: S. versucht, sein Lieblingslied als Opernarie zu schmettern. (Ton am Ende einer Liedzeile so lange wie möglich halten, dann schnell tief Luft holen und weiter singen.)
2. Luftballons: S. hat bei einem Kinderfest die Aufgabe, zehn Luftballons unterschiedlicher Größe aufzublasen.
3. Kühlung: Bei großer Hitze legt sich ein Hund in den Schatten und hechelt, um sich Kühlung zu verschaffen (Bauchatmung). Nachdem sich der Hund wieder erholt hat, steht er langsam auf, streckt sich und gähnt ausgiebig.
4. Liebeskummer: S. liest einen Abschiedsbrief und seufzt zunehmend verzweifelt auf.
5. Geburtstagstorte: S. versucht, so viele Geburtstagskerzen wie möglich auf einen Schlag auszupusten.
6. Schrecksekunde: Erst im allerletzten Moment erblickt ein Eis essender Fußgänger ein heranbrausendes Auto und hält zutiefst erschrocken die Luft an.

Sinneswahrnehmungen

1. Kranker Freund: S. besucht mit seiner Klasse eine Ausstellung und beschreibt am Nachmittag dem kranken Freund einige der gezeigten Objekte (Bild, Foto, Gefäß, Maske, Arbeitsgerät etc.).
2. Dösende Katze: S. ahmt eine mit geschlossenen Augen daliegende Katze nach, die sich ausruht, aber nicht schläft. Zwei oder drei Minuten lang werden alle Umgebungsgeräusche bewusst registriert. Anschließend versucht S., die registrierten Geräusche aufzuzählen und hinsichtlich ihrer möglichen Quellen zu interpretieren.
3. Blinder Stoffverkäufer: S. spielt die Rolle eines blinden Stoffverkäufers (Augenbinde), der die Wünsche des Kunden (z. B. nach einem dicken, weichen Stoff) durch tastendes Wühlen im Sortiment erfüllt.
4. Grabbelkiste: S. greift mit verbundenen Augen in eine Kiste, die ganz unterschiedliche Materialien enthält (z. B. Tannenzapfen, Radiergummi, Ring, Schnuller, Kamm etc.). Die einzeln herausgeholten Gegenstände dürfen nur dann draußen bleiben, wenn sie nach dem Ertasten richtig benannt worden sind.
5. Weihnachtsdetektiv: S. bekommt (bei geschlossenen oder verbundenen Augen) nacheinander unterschiedliche weihnachtliche Ausstechformen in die Hand gelegt und muss anhand der gefühlten Umrisse bestimmen, um welche Figuren bzw. Gegenstände (z. B. Stern, Schweifstern, Engel, Weihnachtsbaum, Rentier) es sich handelt.

6. Saftladen: S. probiert hintereinander unterschiedliche Säfte, die nicht an der Farbe zu erkennen sind, da sie sich in geschlossenen Pappbechern (mit Trinkloch) befinden. Anschließend stellt S. Vermutungen darüber an, welcher Becher das eigene Lieblingsgetränk enthalten könnte.

Selbstbeobachtungsübungen

1. Pulsschlagkontrolle: S. wird gebeten, eine Minute lang den eigenen Pulsschlag zu zählen oder (bei Vorhandensein eines entsprechenden Gerätes) zu messen. Zu Vergleichszwecken sollte die Prozedur nach mehrmaligem Seil- oder Sackhüpfen wiederholt werden.
2. Selbstkitzeltest: S. wird gebeten, bei geschlossenen Augen mit der Spitze bzw. Breitseite einer Feder über die unbedeckten Stellen des eigenen Körpers zu streichen und anzugeben, ob und wo Kitzelgefühle hervorgerufen worden sind. (Entdeckung: Man kann sich nicht selbst kitzeln, aber doch Berührungen in unterschiedlicher Intensität wahrnehmen.)
3. Blick in den Spiegel: S. betrachtet sein eigenes Gesicht im Spiegel und versucht, sich selbst zu beschreiben. Später können weiterführende Überlegungen hinzukommen wie die Auseinandersetzung mit der Frage, ob es eine größere Ähnlichkeit mit dem Vater oder der Mutter gibt.
4. Fingerübungen: S. führt nacheinander verschiedene Übungen durch (Aufheben eines Bleistifts mit Daumen und Mittelfinger, beidhändiges Aneinanderlegen der Fingerspitzen, Verhaken der Zeigefinger etc.) und gibt anschließend an, welche Übung besonders schwer zu bewältigen war.
5. Filmstar: S. spielt vor laufender Kamera (Video oder Handy) die Rolle eines Kunden, der sich über die mangelnde Qualität eines Haushaltsgerätes beschwert. (Inwieweit nach der Betrachtung der Sequenz eine Beurteilung des gespielten Verhaltens erfolgen kann/sollte, hängt u. a. vom Alter und der Sprachkompetenz des Darstellers ab.)
6. Rückläufe: Ähnlich wie in einem rückwärts laufenden Film führt S. diverse Rückwärtsbewegungen aus (z. B. rückwärts laufen, springen, kriechen, krabbeln, robben) und benennt anschließend diejenige Übung, die am meisten Spaß gemacht hat.

Verzeichnis der Abbildungen

Register

Zur Autorin

Magda von Garrel ist Sonderpäda-
gogin (Fachbereiche: Sprachbehin-
derungen und Verhaltensstörungen)
sowie Diplom-Politologin und war
als Integrationslehrerin an Grund-,
Haupt-, Sonder- und Berufsschulen
tätig.

© Evelin Frerk

Individuell fördern statt fordern

V&R

André Frank Zimpel

Einander helfen

Der Weg zur inklusiven Lernkultur

2012. 204 Seiten mit 27 Abb., kartoniert
ISBN 978-3-525-70143-0

Wer viel hat, dem wird gegeben; wer wenig hat, dem wird genommen. Diese Faustformel, auch Matthäus-Effekt genannt, untergräbt die Demokratie und droht unsere Gesellschaft zu spalten. Sinnvolle Maßnahmen zielen deshalb immer auf Normalisierung: Stärkere helfen Schwächeren.

Dasselbe sollte natürlich auch für unser Bildungssystem gelten. Chancengleichheit allein genügt nicht, weil sie viele Fragen offen lässt, wie zum Beispiel: Wie stärkt man möglichst alle Lernenden im gemeinsamen Unterricht? Wie pluralisiert man die Lernwege so, dass niemand auf der Strecke bleibt? Wie vermeidet man bei möglichst allen Lernenden schwächende Frustrationserlebnisse, die als Aversionen die weitere Lernbiografie beeinträchtigen könnten? Diesen Fragen geht das Buch nach und klärt sie.

André Frank Zimpel (Hg.)

Zwischen Neurobiologie und Bildung

Individuelle Förderung
über biologische Grenzen hinaus

2010. 192 Seiten mit 13 Abb., kartoniert
ISBN 978-3-525-70125-6

Die Beiträge zeigen, dass der Schlüssel zu einem nachhaltigen Erfolg darin besteht, sich der Innensicht der scheinbar versagenden Kinder, Jugendlichen oder Erwachsenen anzunähern. Für weniger einschneidende Lernschwierigkeiten gilt erst recht: Biologische Grenzen stellen eine Herausforderung, aber kein unüberwindliches Hindernis dar.

Ingvelde Scholz

Das heterogene Klassenzimmer

Differenziert unterrichten

2012. 131 Seiten mit 16 Abb. und 15 Tab., kartoniert. ISBN 978-3-525-70133-1

Dieses Buch bietet praxisorientierte Anregungen zum Umgang mit heterogenen Lerngruppen und zeigt Handlungsansätze zum pädagogischen Umgang mit Vielfalt auf.

Vandenhoeck & Ruprecht